KB023703

어른이 되기 전 꼭 알아야 할
삶의 지혜

발타사르 그라시안에게 듣는다
어른이 되기 전 꼭 알아야 할 삶의 지혜

초판 1쇄 인쇄 | 2023년 08월 20일
초판 1쇄 발행 | 2023년 08월 30일

지은이 | 임재성
발행처 | 시간과공간사
발행인 | 최훈일

신고번호 제2015-000085호
신고연월일 2009년 11월 27일

주소 | (10594) 경기도 고양시 덕양구 통일로 140 삼송테크노밸리 A동 351호
전화번호 | (02)325-8144(代)
팩스번호 | (02)325-8143
이메일 | pyongdan@daum.net

ISBN | 979-11-90818-22-3(03190)

발타사르
그라시안에게
듣는다

어른이 되기 전 꼭 알아야 할
삶의 지혜

임재성 지음

시간과공간사

추천사

'왜 공부를 해야 할까?'

꼴찌를 맴돌던 청소년 시절, 내 단골 질문이었다. 대답해 주는 사람이 아무도 없었기에 나는 스스로 계속 답을 찾아야 했다. 앞으로 어떤 삶을 살지를 고민하자 신기하게도 방향이 조금씩 보이기 시작했다. 공부를 해야 하는 이유도 그중 하나였다. 그때부터 내 공부는 무섭도록 가속도가 붙어 성적이 급상승했다. 삶이 달라져 보이기 시작했고, 나 자신을 사랑할 줄 알게 되었다.

이 책에는 흔들리고 불안한 청소년들의 삶을 단단하게 지탱해 줄 소중한 조언들이 가득하다. 400년 전의 고전을 저자가 쉽게 풀어내 때로는 격려를, 때로는 위로를 전한다. 짧고 간결하게 쓰여 있어 책상 한쪽에 두고 마음이 힘들 때마다 한 장씩 읽어보면 좋겠다. 내가 그랬듯 이 책을 만난 여러분도 저자가 들려주는 인생의 지혜를 바탕으로 내 마음이 원하는 삶을 살아가길 진심으로 응원한다.

박철범(박철범의 하루 공부법, 변호사)

추천사

인문학 고전을 읽다 보면 수백, 수천 년 전 사람들이 쓴 글이라고는 믿기지 않을 만큼 현재를 살아가는 우리에게 현실적인 조언을 얻을 때가 많다. 시간은 흐르지만 인간의 성장과 고민은 반복되고 먼저 그 길을 간 사람들의 지혜의 이정표가 바로 인문학 고전의 의미라 할 수 있다.

이 책은 고전 '발타사르 그라시안의 잠언' 중 청소년이 성숙한 어른으로 자라는 데 꼭 알아야 할 것들을 쉽고 친절하게 설명해 준다. 자신을 어떻게 가꿔야 하는지, 다른 사람들과 관계는 어떻게 해야 하는지, 공부는 어떻게 해야 하는지 등 지금 청소년들이 겪고 있는 문제와 고민에 대해 현실적이고 간결한 조언을 제시하고 있다. 책을 읽다 보면 어른인 내게도 잘하는 점, 아직 부족한 점을 꼬집어 주는 느낌이 든다. 청소년 자녀를 둔 많은 부모님이 아이와 함께 읽고 서로 이야기 나누며 발전할 수 있는 좋은 책이다.

인동교(그래픽 노블로 읽는 서양 과학 이야기, 교사)

프롤로그

　어린 시절에는 빨리 어른이 되면 좋겠다고 생각한다. 하고 싶은 것을 마음껏 하며 살아갈 수 있다고 생각해 어른의 삶을 소망한다. 그런데 막상 어른이 되면 반대로 어린 시절을 그리워한다. 하고 싶다고 해서 마음대로 할 수 없는 게 인생이라는 사실을 깨닫기 때문이다.

　그래서인지 어른이 되면 '지금 인생에 꼭 알아야 할 것들을 어린 시절에 잘 배워두었으면 좋았을 텐데'라는 생각을 많이 하게 된다. 그러면 인생이 조금이라도 달라졌을 것이라는 후회이며 안타까움이다. 조금 더 좋은 삶을 살고 싶다는 아쉬움이기도 하다.

　어린 시절 누구나 인생에 필요한 것들을 배웠다. 부모,

선생님, 주변 어른들에게서 "인생을 살아 보니 이렇더라"라는 말을 꽤 많이 듣는다. 그런데 신기하게도 어렸을 때는 인생의 조언들이 잔소리처럼 들린다. 아무리 좋은 조언도 잔소리라고 생각하면 와닿지 않는다. 나와 상관없는 이야기로 여겨버린다. 이런 깨달음을 어른이 돼서야 비로소 알아차린다. '어른의 말을 잔소리가 아닌 삶의 안내자가 들려주는 말로 알았다면 좋았을 텐데' 하고 후회하는 것이다.

청소년 시기는 모든 것이 완전하지 않다. 어른도 완전하다고 말할 수 없다. 하지만 삶을 조금이라도 더 살아보고, 경험하고, 성찰한 것은 그 어떤 것보다 힘이 있다. 역사의 수레바퀴와 인생의 궤적은 비슷한 과정으로 흘러가기 때문이다. 여러분이 살아갈 삶을 이미 살아본 어른들의 이야기는 어떤 형태로든 도움이 된다.

그러나 안타깝게도 어른이 사라진 시대라고들 한다. 배우고, 존경하고, 본받고 싶은 어른이 없다는 것이다. 몸은 나이를 먹어서 어른이되 성숙하지 못한 삶의 태도를 보이는 사람들이 많아서 하는 말이라 씁쓸하다. 그래서 어른들의 이야기에 생각과 마음을 집중하지 못할 수도 있다.

배울 게 없는 어른들의 잘못은 나중에 비판해도 된다. 지금은 내 삶을 위해 꼭 배워야 할 것들에 집중하는 것이 지혜로운 선택이다. 비판한다고 해서 내 삶이 변하지 않으니까. 주변에 본받을 만한 어른이 없다면 역사에서, 책에서라도 찾아보자. 그리고 배우자. 나를 위해, 가족과 이웃을 위해.

과학기술이 아무리 발달해도 인생의 밑바탕이 되는 본질은 변하지 않는다. 청소년기는 그 본질을 알고, 배우고, 익히는 시기이다. 삶의 본질, 관계의 본질, 언어의 본질, 태도의 본질, 공부의 본질 등을 제대로 품는다면 성숙한 어른으로 성장할 수 있다. 이런 인생의 본질을 배울 수 있는 진짜 어른이 바로 발타사르 그라시안이다.

그라시안은 17세기를 살다간 사람이다. 그런데 400년이 지난 지금도 그의 조언은 수많은 사람에게 영향을 주고 있다. 인생의 본질을 이야기하기 때문이다.

이 책은 발타사르 그라시안의 수많은 인생 잠언 중 어른이 되기 전에 꼭 배우고 알아야 할 것들을 선별해 구성했다. 원문을 토대로 필자의 설명과 조언으로 풀어냈다. 필자가 인문 고전을 읽고 깨달은 인생의 지혜를 녹여낸 것이다.

그라시안의 원문 가운데 골라 실은 글만 읽어도 좋다. 원문이 이해되지 않으면 필자의 설명과 조언을 참고해 자기 것으로 만들어 보자. 내 것이 돼야 생각과 마음이 달라지고 삶도 달라질 테니까. 단 하나라도 좋다. 그 하나가 삶을 변화시킬 씨앗이 될 것이다.

인생에 도움이 되는 좋은 말은 잔소리로 들리는 역설이 있다. 잔소리라고 여겨버리면 생각과 마음에 영향을 줄 수 없다. 이 책이 여러분에게 잔소리로 들리지 않기를 바란다. 책 내용을 어른이 되기 전에 잘 배우고 익힌다면, 어른이 되었을 때 후회와 반성이 줄어들 것이다. 책에서 어른의 모습을 발견하고 배워서 좋은 어른이 되기를 소망한다.

차례

1장 인생

**어른이 되기 전
알아야 할
인생의 지혜**

발타사르 그라시안은 누구인가

발타사르 그라시안 이 모랄레스[Baltasar Gracián y Morales]는 스페인 사라고사 지방 벨몬테에서 1601년 1월 8일에 태어났다. 유년시절의 기록은 찾아보기 어렵지만, 형제들이 신부가 된 것으로 보아 종교적인 분위기에서 자란 것 같다. 그래서인지 그라시안도 열여덟 살이 된 1619년 예수회 교단에서 사제 수업을 받기 시작했다.

　1623년부터는 사라고사대학교에서 신학을 공부했다. 1627년(스물일곱 살)에 사제 서품을 받고 1630년까지 인문학과 문법을 가르쳤다. 설교자로서 성공을 거둔 후《재능의 기술》을 출간하고, 이 책을 확장해《사람을 얻는 지혜》를 펴냈다. 하지만 삶의 마지막은 암울했다. 교회의 허가 없이 책을 출간했다는 이유로 교수직에서 해임되었고 감금과 감시에 시달리다 1658년(쉰일곱 살)에 세상을 떠나고 말았다.

그라시안이 살았던 17세기 스페인은 서서히 힘을 잃어 가고 있었다. 계속된 전쟁으로 경제적 위기가 찾아왔고 속임수와 음모, 배신이 가득했다. 귀족들을 위한 궁정 행동 지침은 많았지만 대중을 위한 실용적인 가르침은 부족한 시대였다.

그라시안은 예수회 신부였지만 종교적인 내용보다는 인간의 근본을 지키면서도 성숙한 삶을 살 수 있는 지혜를 책에 서술했다. 세상과 대중의 심리를 철저히 분석한 통찰력을 바탕으로 자신을 지키며 필요한 사람이 되라고 조언했다. 지극히 현실적인 사상으로 대중의 삶을 변화시키려고 힘썼다.

그가 죽은 후 그의 철학적 사상은 쇼펜하우어, 니체, 처칠 등이 재평가했다. 쇼펜하우어는 그의 사유를 보고 "이책은 평생 들고 다니며 읽어야 할 인생의 동반자다"라고 말했다. 그뿐만 아니라 그의 사상을 온전히 알기 위해 독일어로 번역했고 그 내용이 오늘날까지 이어지고 있다. 철학자 니체도 이렇게 말했다. "그라시안은 유럽 최고 지혜의 대가다." "이처럼 정교하고 세련된 인생 지침은 이제껏 만나지 못했다."

그가 죽은 지 400년이 흘렀지만 여전히 그의 사유는 우리 삶에 영향을 주고 있다. 시공간을 초월해 인간과 삶의 중요한 본질을 꿰뚫고 있기 때문이다. 그의 지혜를 이해해 내 것으로 만든다면 인공지능시대에 현실적인 문제뿐만 아니라 앞으로 살아가면서 마주하게 될 삶의 문제를 해결하는 데도 혜안을 얻을 것이다.

어른이 되기 전
알아야 할
인생의 지혜

좋은 결말을
생각하며 살자

태어난 지 얼마 안 된 아기는 무슨 행동을 해도 사랑을 받는다. 누워 있다가 뒤집기만 해도 집안이 난리가 난다. 기어 다니다가 일어설 때는 또 어떤가. 간신히 서 있다가 몇 발자국을 떼며 걸음마에 성공하면 환호성을 지른다.

하지만 이런 박수갈채는 영원하지 않다. 인생의 시작점에서는 누구나 환영하지만 인생의 마지막 지점에서는 자신의 선택에 책임이 뒤따른다. 그래서 어른이 되기 전에 인생의 의미를 깊이 생각하는 시간이 필요하다.

삶이 끝나는 순간이 어떨지를 머릿속에 그리며 살자. 웃음의 대문을 들어서 즐거움의 집으로 간 다음 얼마 지나지 않아 슬픔의 뒷문을 열고 밖으로 나오는 게 인생이다. 그러니 언제든 마지막을 생각하며 떠날 때 박수소리보다 행복한 퇴장을 먼저 떠올려야 한다. 떠날 때 박수소리가 그리 중요하지 않은 이유는 누구나 박수를 쳐주기 때문이다.

갖은 어려움을 이겨낸 뒤 받은 박수가 비로소 의미가 있다. 행운의 여신이 퇴장할 때까지 지켜주는 일은 드물다. 언제나 처음 등장할 때는 정중하게 대접을 받지만 퇴장할 때는 경멸을 당한다. 그러니 항상 마지막을 생각하며 좋은 결말을 염두에 두어야 한다.

우리 인생은 끝맺음이 중요하다. 박수갈채를 받으며 마무리하기가 그만큼 어렵기 때문이다. 청소년기를 살고 있다면 이 말에 공감하기가 어려울 수 있다.

청소년기에는 실수해도 실패해도 대체로 용납되는 경향이 있다. 형벌을 받을 만한 죄를 저질러도 나이가 어리면 처벌하지 않고 변화할 기회를 준다.

행복한 인생의 마무리는 어른이 되어서 하는 게 아니다. 청소년기부터 차근차근 준비한 사람에게 주어지는 것이다. 아름다운 결말을 염두에 두고 생활하는 사람에게 좋은 결말이 기다린다.

괴테는 스물일곱 살에《젊은 베르테르의 슬픔》으로 큰 성공을 거둔다. 하지만 또 하나의 역작인《파우스트》는 무려 60여 년의 집필 기간을 거쳐 완성했다. 괴테가 죽기 8개월 전에 완성한 것이다. 다양한 문제로 쓰다 중단하기를 반복하다가 마침내 역작을 마무리했다.

독일 문학을 세계적 수준으로 끌어올린 위대한 작가 괴

테는 《젊은 베르테르의 슬픔》으로 성공가도를 달릴 때 이런 메시지를 남긴다.

"모든 것은 젊었을 때 구해야 한다. 젊음은 그 자체가 하나의 빛이다. 빛이 흐려지기 전에 열심히 구해야 한다. 젊은 시절에 열심히 찾고 구한 사람은 인생 후반이 누구보다 풍성하다."

좋은 결말로 인생을 마무리하려면 어떻게 하는 것이 좋을까?

첫째, 내가 원하는 것이 이루어졌을 때 어떤 결과가 뒤따를지를 생각해 보자. 지금 자신이 원하는 대로 다 이루어진다면 진짜 행복이 깃들까?

둘째, 무엇이 될지보다 어떻게 살아갈지를 묻자. '무엇이 될까?'는 직업에 그치지만 '어떻게 살아갈 것인가?'는 가치와 의미를 추구하기 때문이다.

셋째, 내가 원하는 것들은 나만을 위한 것인가, 남들에게도 필요한 것인가를 점검하자. 인생의 마무리는 나를 뛰어넘어 다른 사람에게 향할 때 아름답게 빛날 테니까.

필요한 사람이
되자

17세기 유럽은 오늘 우리 시대와 비슷했다. 귀족의 몰락으로 자본주의의 씨앗이 뿌려졌으며 치열한 경쟁으로 살아남느냐 사라지느냐가 갈리기도 했다. 정치적 모략, 음모와 배신, 내전이 끊이지 않았던 격변기였다.

그라시안은 내일을 보장받을 수 없는 암흑의 시대에 어떻게 하면 인간다운 삶을 살지를 통찰하며 수많은 메시지를 남긴다.

필요한 사람이 돼라. 남들과 조화를 이루고, 현명한

사람의 눈에 들어라. 사랑받는 가장 좋은 방법은 맡은 일

에서 탁월한 재능을 나타내는 것이다. 거기에 좋은 태도

까지 갖추면 꼭 필요한 사람이 된다.

　　모든 일을 철저히 마무리해서 내 능력이 꼭 필요하다

고 인식하게 하라. 나서서 지위를 간절히 구하는 것이 아

니라 지위가 당신을 원하도록 하라. 경쟁하는 사람의 능

력이 떨어져 당신이 우수해 보이는 것은 영예가 아니다.

단지 경쟁자의 실력이 부족했을 뿐이기 때문이다.

그라시안은 남들에게 '고마운 존재'가 되기보다는 '필요한 존재'가 되라고 조언한다. 필요한 존재가 되는 것이 지혜로운 선택이라고 한다. 상대가 고마워하기보다 기대하고 의지하게 만들라는 것이다. 기대는 오랫동안 기억되지만 감사하는 마음은 금방 사라지기 때문이란다. 정말 냉철한 조언이다.

필요한 사람이 된다는 것은 어떤 의미일까? 상대의 필요를 채워주고 더불어 자기 가치도 실현하는 것을 의미한다. 상대도 좋고 나도 좋은 것이다. 공존하는 지혜이자 능력이다.

필요한 사람이 되려면 실력이 뛰어나야 한다. 인성도 뒷받침돼야 하고 관계도 잘 맺어야 하고 흔들리는 마음도 조절할 줄 알아야 하는 등 여러 요소가 뒷받침돼야 한다. 하지만 제일 중요한 것은 자신감이다. 자신감이 있어야 필요한 사람으로 준비할 수 있다.

미국의 심리학자 너새니얼 브랜든은 《나를 믿는다는

것》에서 자신감을 이렇게 말했다.

"자신감은 '자신의 능력에 대한 생각'과 '자신의 가치에 대한 생각'이라는 두 가지 요소로 이뤄진다. 바로 '자기 신뢰'와 '자기 존중'이 합친 것이다. 자신감은 문제를 이해하고 해결함으로써 삶의 어려움에 대처하는 능력이며, 자신의 욕구와 바람을 만족시켜 행복을 추구하는 의지다."

브랜든은 자신감이 세 기둥으로 이루어진다고 했다.

첫째는 자기 인식으로 자신을 객관적으로 바라보며 나를 찾는 단계이다.

둘째는 자기 수용이다. 자기 수용은 다섯 단계로 이루어진다. 먼저 자신을 수락하고 자신의 능력을 받아들이며, 다른 사람들을 수락하고 자신의 상황을 수락하며, '여기'와 '지금'을 수락하는 것이다.

셋째는 자기표현 능력이다. 자신의 주장을 표현하는 능

력을 기르는 것이다. 브랜든의 말처럼 자신감을 훈련할 수 있다면 필요한 사람으로 거듭날 수 있다.

자신감은 '자신이 있다는 느낌'이다. 자신이 느끼는 주관적인 마음이다. 그러니 자신을 자랑스럽게 생각하자. 내가 나를 자랑스러워해야 다른 사람도 나를 자랑스럽게 생각할 수 있으니까. 쫄지 않고 자신감을 가질 때 내 능력도 마음껏 발휘할 수 있을 테니까. 그럴 때 우리는 조금씩 조금씩 필요한 존재로 성장해 나갈 수 있다.

삶은 대부분
선택에 달려 있다

우리의 삶은 수많은 선택으로 이루어진다. 무엇을 먹을지조차 선택에 따라 갈린다. 자장면인지 짬뽕인지 자신의 선택에 따라 먹는 게 달라진다.

스마트폰도 내 선택에 따라 보이는 장면이 달라진다. 고등학생이 되면 수강할 과목도 선택해야 한다. 어느 광고 문구처럼 순간의 선택이 평생을 좌우하기도 한다. 그라시안도 선택의 중요성을 강조한다.

우리네 인생사는 모두 선택에 달려 있다. 그만큼 올바로 선택하려면 좋은 생각과 바른 판단이 필요하다. 지식이나 이성만으로는 충분하지 않다. 선택하지 않으면 어떤 결론에도 이를 수 없으며, 운명은 늘 최선을 선택하도록 길을 열어놓는다.

누구나 최선을 선택할 수 있는데도 사람들은 잘못 선택해서 망한다. 강인한 정신력과 예리한 지성은 물론 높은 지식으로 신중한 사람조차 선택에 실패하는 일이 가끔 있다. 좋은 선택을 할 줄 아는 것이 하늘이 인간에게 내려준 위대한 능력의 하나이다.

선택의 중요성은 누구나 안다. 하지만 현명한 선택을 하기는 어렵다. 특히 미성숙하면 더욱 최선의 선택을 하기가 어렵다. 스스로 선택하는 것에 익숙하지 않고 정답이 있는 공부에 길들여져 있어서이다.

남들보다 정답을 더 잘 찾아야 자신이 원하는 것을 이룰 수 있는 시스템에 속해 있다 보니 선택의 순간에 갈팡질팡한다. 그래서인지 자기 의지대로 선택하는 사람을 찾아보기 어렵다.

그라시안이 살던 시대에도 다르지 않았던 것 같다. 그라시안은 공부를 많이 한 사람들도 최악의 선택을 한다며 비판했다. 17세기에도 지혜롭게 선택한 사람들은 찾아보기 어려웠던 것 같다. 어느 시대를 살든 선택은 어렵다.

그런데 4차 산업혁명시대에는 더욱 선택의 중요성이 강조되고 있다. 정답이 있는 것은 인공지능으로 대체되기 때문이다. 스스로 생각하지 않으면 설 자리가 없다. 다른 사람의 지식이나 정보조차 챗GPT에게 물으면 단 몇 초 만에 원하는 답을 얻을 수 있는 무서운 시대다. 그래서 최선의 것을 선택하는 능력을 배워야 한다. 이 능력이 갖춰지면 어른이 되었을 때 자신이 하고 싶은 것을 넉넉히 해낼 수 있다.

그럼 어떻게 해야 최선의 것을 선택하는 능력을 품을 수 있을까. 그 해답은 독일의 철학자 이마누엘 칸트에게서 찾을 수 있다.

"미성년의 원인은 이성이 부족한 데 있는 게 아니다. 다른 사람의 지도 없이 스스로 생각하려는 결단과 용기가 부족한 데 있다."

칸트는 어른으로 성장하려면 스스로 생각하려는 결단과 용기가 있어야 한다고 조언한다.

이제는 서툴더라도 스스로 생각하려고 노력해 보자. 부모에게 기대기보다, 누군가가 선택해 주기를 바라기보다,

정답만 외우기보다, 스스로 생각할 줄 아는 사람이 되려고 용기를 내보자. 스스로 생각할 줄 알 때 비로소 어른이 될 테니까. 스스로 생각할 때 어제와 다른 선택을 할 수 있을 테니까.

지식에 용기가 더해져야
삶이 변한다

"아는 것이 힘이다"라는 말이 있다. 16세기부터 17세기에 걸쳐 살다간 영국의 철학자 프랜시스 베이컨의 주장에 근거하는 격언으로 아는 것이 많으면 세상을 살아가는 데 도움이 된다는 뜻이다.

반대로 아는 게 없으면 청소년기뿐만 아니라 어른이 되어서도 주도적으로 살아갈 수 없다. 그래서 청소년기에 지식의 토대를 잘 쌓아야 한다. 쌓인 지식의 두께만큼 어른의 삶이 달라질 수 있지만 이것만으로는 부족하다.

지식은 용기가 받쳐줄 때 진짜 가치를 드러낸다. 지식에는 용기가 필요하기 때문이다. 보통 사람은 자신이 아는 만큼만 일을 해내지만 현명한 사람은 그 이상을 해낸다.

용기가 없는 지식은 보이지 않는 곳에서 자라나는 식물과 같다. 지식과 용기는 눈과 손처럼 연결되어 있어 지식에 용기를 갖추지 못하면 생산할 수 있는 것이 없다.

지식은 용기를 만날 때 빛을 발한다. 그대가 살아가야 할 미래는 간단하지 않다. 단순히 암기한 지식으로는 살아남을 수 없다. 자신이 쌓아놓은 지식을 토대로 새로운 것을 창조하는 것이 핵심이다.

시도하고 도전하는 자가 지식에 쓸모를 더할 수 있다. 그래서 용기가 필요하다. 용기는 자기 안에 쌓아놓은 지식에 날개를 달아주니까. 지식이 비상할 기회를 만들어내는 것이 바로 용기이다.

그런데도 우리는 왜 용기를 내지 못할까? 그 의미는 독일의 철학자 쇼펜하우어의 글로 이해하면 좋겠다. 쇼펜하우어는 그라시안의 글을 깊이 알고 싶어서 스페인어를 따로 배운 다음 그 글을 독일어로 번역했다. 그렇게 번역된 글을 우리가 만나고 있다. 그라시안을 '평생의 동반자'라고 한 쇼펜하우어는 이렇게 말했다.

"우리가 무언가를 할 때 제일 먼저 생각하는 것은 남들이 뭐라고 할까이다. 인생의 고민 절반은 이 점을 걱정하는 것이다. 그것은 매우 민감하고 쉽게 상처받는 자존심이라는 감정의 뿌리 깊은 곳에 존재하는 불안이다."

이제부터는 남들 눈치를 보지 말자. 남들이 뭐라고 하든 하고 싶은 것이 있으면 시도하고 도전해 보자. 안 된다고, 못 한다고 생각하지 말자. 나는 못 하고 안 된다고 생각하면 용기를 낼 수 없으니까. 지금 하는 생각이 곧 말이 되고, 말은 행동이 된다. 행동은 곧 오늘이 되고 오늘이 모여 어른으로 성장하니 생각부터 바꿔보자.

지금 도전하려는 것에 가능성도 따지지 말자. 가능성은 미래에 일어날 일일 뿐이다. 이미 꿈을 이룬 사람들은 가능성에 연연하지 않았다. 자기 내면의 울림에 반응했다. 할 수 있다는 용기를 가지고 시도하고 도전하면서 꿈을 현실로 만들었다.

넘어질까 봐 쫄지도 말자. 시도하고 도전하다 넘어진다

고 해서 실패한 것은 아니니까. 다시 일어서지 않을 때가 진짜 실패한 것이다. 다시 일어서서 도전할 용기만이 지식을 현실로 만들어낼 수 있다는 사실을 기억하자.

세상 모든 일에는
양면성이 있다

"달달 무슨 달 쟁반같이 둥근달 어디 어디 떴나 동산 위에 떴지."

어린 시절 자주 불렀던 동요이다. 우리는 어두운 밤을 밝히는 둥근달에 소원을 빌며 어린 시절을 보냈다. 이렇게 휘영청 밝은 둥근달도 그 이면에는 어둠이 있다. 우리가 보는 곳은 환하지만 말이다. 이처럼 세상 모든 일에는 양면성이 있다.

모든 일에는 양면성이 있어서 날카로운 칼도 날 쪽을 쥐면 위험하지만 손잡이를 잡으면 방패로 쓸 수 있다. 좋은 면을 보고 기뻐했던 일도 나중에는 후회할 일로 바뀔 때가 많다.

좋은 점과 나쁜 점이 모두 있으므로 좋은 점을 보는 안목이 필요하다. 안목이 있는 사람은 어떤 일을 하든 만족하고, 어리석은 사람은 어떤 일을 하든 후회한다. 이러한 관찰법은 모든 시대와 상황에 쓸모 있고 중요한 삶의 규칙이다.

청소년은 살아온 경험이 많지 않다. 따라서 인생의 길을 헤매거나 실패와 좌절을 겪을 때 어떻게 벗어나야 할지 잘 모른다. 원하는 것을 이루었을 때도 그다음에는 무엇을 어떻게 준비해야 할지 난감할 때가 많다. 그래서 인생이 무엇인지 그 의미를 배워야 한다.

그라시안은 좋은 점과 나쁜 점 가운데 장점을 골라내는 것이 지혜라고 이야기한다. 자신이 바라보는 관점에 따라 삶이 달라지기 때문이다. 쇼펜하우어도 같은 메시지를 전한다.

"열 가지 고민거리 중 아홉 가지가 해결됐지만, 남은 하나 때문에 끙끙대는 사람이 있다. 반면 해결된 문제는 하나 밖에 없지만, 그 하나의 성공에 만족해 밝게 사는 사람도 있다."

그대는 어느 쪽인가? 남은 하나의 문제로 끙끙대고 있

는가? 아니면 해결된 문제 하나로 만족하고 있는가? 살다 보면 과거나 현재의 상황이 자기 미래를 결정 짓지 않는다는 것을 알게 된다. 그것을 어떻게 바라보고 해석하느냐가 성패를 좌우한다는 사실을 깨닫기 때문이다.

내 인생의 과거가 미래로 가는 데 걸림돌이 될 수도 있고 디딤돌이 될 수도 있다. 내 시선과 마음이 어디에 머물러 있느냐에 따라 위상이 달라지는 것이다.

어떤 일에 성공했을 때 성공의 기쁨에 너무 깊이 빠지지 말자. 어른이 돼서 잘되었던 일 하나, 성취 하나로 삶이 무너진 사람들이 많다. 성공에 깊이 도취돼 있어서이다. 더 나아갈 의미를 찾지 못해서 다시 일어서지 못하고 안주한 것이다. 성공의 기쁨을 누린 후에는 깨끗하게 잊고 새로운 인생의 길을 모색하자. 좋은 일만 보고 기뻐하다가 나중에 후회할 수 있으니까.

바꾸지 못하는 과거의 일에도 얽매이지 말자. 왜 나에게만 시련이 닥치느냐고 원망하지도 말자. 살아가고 있는 모든 사람에게는 시련과 어려움이 있으니까.

지평선 너머까지 곧게 뻗어 있는 평탄한 삶은 애초에 없다. 수많은 인생 언덕을 넘어야 하고, 때로는 강물과 태풍을 만나기도 하는 게 인생이다. 세찬 비바람이 지나간 뒤 순간 빛나는 무지개를 보며 미소 짓는 것이 삶이다.

내 삶에 어려움과 고난이 닥칠 때 '이 일로 내가 배울 점은 무엇인가?' 생각해 보자. '나에게 어떤 능력을 더해 주려고 고난이 있는 걸까?'라고 삶의 의미를 찾아보자. 그러면 어려움을 헤쳐 나갈 지혜가 생기고 길이 보일 테니까.

본질을 보는 능력을
키워라

어른이 되기 전에 갖추어야 할 것 중 하나는 본질을 보는 능력이다. 겉으로 드러난 것 너머를 볼 수 있어야 의미 있는 인생을 살아갈 수 있다.

겉으로 드러난 현상은 누구나 볼 수 있다. 하지만 본질은 아무나 볼 수 없다. 보려고 하는 사람만이, 본질을 볼 수 있는 훈련을 한 사람만이 볼 수 있다. 이 능력이 어른이 되었을 때 성공과 실패를 좌우한다.

겉으로 드러난 것보다 숨겨진 것을 보라. 시선이 겉모습에만 머문다면 결코 비범해질 수 없다. 보통 사람들은 모든 것을 보려다 아무것도 파악하지 못한다.

겉으로 드러난 것만 보면 잘 속게 된다. 뛰어난 것은 언제나 내면에서 뿜어져 나오는 법이다. 지혜롭고 현명한 사람들은 숨겨진 것까지 가 닿는다.

지혜로운 사람은 매일의 삶에서 본질을 보려고 힘쓴다. 자기 주변뿐만 아니라 시대와 자연, 관계까지 겉으로 드러난 것에 현혹되지 않고 그 너머를 보려고 힘쓴다.

본질을 보려면, 보는 방식을 달리해야 한다. 이탈리아의 화가 레오나르도 다빈치는 보는 방식에는 3가지가 있다고 했다.

첫째, 보려는 사람

둘째, 보여주면 보는 사람

셋째, 아무리 보여줘도 안 보는 사람

껍질 속을 보려면, 보려고 해야 한다. 보이는 것만 보면 내면은 볼 수 없다. 보여주는 것만 봐도 보이지 않는 것을 볼 수 없다. 아무리 보여줘도 안 보는 사람은 겉으로 드러난 것조차 볼 수 없다.

우리가 자주 보는 스마트폰은 '본다'고 할까, '읽는다'고 할까? 그러면 책은 '본다'고 할까, '읽는다'고 할까? 모두 텍스트와 이미지를 보는데 왜 스마트폰은 '본다'고 하고 책은 '읽는다'고 할까?

'보다'를 사전에서 찾아보면 '눈으로 대상의 존재나 형태적 특징을 알다'라고 나온다. 겉으로 드러난 현상을 볼 때 '본다'고 하는 것이다. '읽다'를 사전에서 찾아보면 '글을 보고 거기에 담긴 뜻을 헤아려 알다'이다. 글에 담긴 뜻, 즉 본질을 살필 때 '읽는다'고 하는 것이다.

그런데 안목이 있고 지혜로운 사람들은 스마트폰을 읽는다. 누구나 보는 지식과 정보 속에서 비밀을 찾아낸다. 겉으로 드러난 결과의 원인을 찾고 과정을 본다. 그렇게 찾은 안목으로 삶을 바꾸어 간다.

책을 읽지 않고 보기만 하는 사람이 있다. 텍스트에 담긴 숨은 뜻을 찾고, 글쓴이가 왜 이런 글을 썼는지 의도를 파악하지 않는 것이다. 이렇게 책을 보면 생각과 삶이 쉽게 변하지 않는다. 그래서 보지 말고 읽어야 한다.

본질은 그냥 후루룩 봐서는 볼 수 없다. 보려고 해야 한다. 또한 읽어내려고 힘써야 한다. 읽어내려고 할 때 보이지 않는 것까지 볼 수 있다.

본질을 보는 두 가지 방법을 소개한다.

첫째는 지금 자주 하고 있는 것들을 줄이고 멀리하는 것이다. 단 하루 만이라도 내가 자주 보는 것을 멀리해 보자. 단 하루 만이라도 자주 듣는 것을 멀리해 보자. 단 하루 만이라도 자주 했던 말을 침묵해 보자. 단 하루 만이라도 보려고 해보자. 그러면 지금까지 보이지 않았던 것들이 보일 것이다. 듣지 못했던 것들도 듣고 만날 것이다.

둘째는 자주 보는 것이다. 껍질이 아니라 껍질 속을 보고 싶다면 그것과 관련 있는 것들을 더 자주 보자. 자주 보고 오랜 시간을 투자해서 보자. 지속적으로 본다면 어느 순간 보이지 않던 것들이 보일 테니까. 그렇게 껍질 속을 볼 수 있다면 그대의 삶은 아름답게 물들어 갈 것이다.

남들과 어울리며
인생을 걸어가자

미래사회에 청소년이 준비해야 할 능력은 참 많다. 그 중 많은 전문가가 '사회지능Social intelligence'이 핵심이라고 꼽는다. 일상생활에서 자기는 물론 타인의 감정과 사고방식을 이해하고, 그 바탕 위에서 적절하게 행동할 수 있는 사회지능은 한마디로 사람들과 잘 어울리는 능력이다.

이런 사회지능은 17세기에도 다르지 않아서 사회지능이 높은 사람이 오히려 행복하게 살았다. 결국 어느 시대를 살든 다양한 사람과 어우러져 살아가는 삶이 중요하다.

남들과 사귀며 걷는 길이 가장 큰 가르침을 준다. 벗과 사귀며 스승 삼아 배우고 즐거움을 나누어라. 지혜로운 사람들은 남들과 어울리며 쓸모 있는 것들을 배운다.

우리가 관계를 맺는 것은 이해관계 때문이다. 주의 깊은 사람은 다른 사람과 조화롭게 지내며 배운다. 훌륭한 각종 지혜를 배워 품격 있는 학문을 이룬다.

청소년기뿐만 아니라 어른이 되어서도 우리는 사람과 관계를 맺으며 살아야 한다. 기계나 컴퓨터와 일하는 시간이 점차 많아지겠지만 결국 사람과 일해야 한다. 행복과 일의 성패는 사람에게 달려 있다.

인공지능시대의 핵심은 융합능력이다. 융합은 '다른 종류의 것이 녹아서 서로 구별이 없게 하나로 합해지거나 그렇게 만듦'이라는 뜻이다. 서로 다른 분야의 것들이 섞이고 합쳐져야 인공지능이 할 수 없는 것을 해낼 수 있다.

대립되는 분야라면 새로운 분야를 개척하는 데 도움이 된다. 나와 완전히 다른 분야에서 일하는 사람과 어울릴 수 있어야 창조적인 산물도 생산해낼 수 있다.

남들과 어울리며 지내는 삶이 이렇게 중요한데 근래 청소년들은 함께 지내는 데에 익숙하지 않다. 코로나 팬데믹으로 혼자 지내는 시간이 많다 보니 사람들과 잘 어울리지 못한다. 모둠을 이루어 진행하는 학습이 삐걱거리기 일쑤란다. 다양한 부류의 친구들과 서로 섞이지 못하는 것이다.

그러니 이제부터라도 남들과 잘 어울리려고 노력해 보자. 자꾸 만나고 활동하다 보면 조화롭게 지내는 방법도 터득할 수 있다.

우리가 살아가는 삶의 터전은 문제투성이다. 풀리지 않는 문제도 많고, 풀어내야 할 과제도 쌓여 있다. 삶이 원하는 대로 풀리지 않더라도, 잘 풀리지 않는 문제에 부딪혀도 포기하지 말자. 문제는 풀어내라고, 해결하라고 있는 것이니까.

어려운 문제를 만날 때마다 혼자 끙끙대지 말고 도움을 청하자. 함께 풀면 어려운 문제도 쉽게 풀릴 수 있으니까. 그 분야 전문가를 만나면 더 쉽게 답을 찾을 수도 있으니까. 남들과 어울리며 머리를 맞대야 더 나은 미래를 기대할 수 있다.

통찰력을
키워라

정보통신기술ICT의 융합으로 이뤄지는 차세대 산업혁명으로, '초연결', '초지능', '초융합'으로 대표되는 4차 산업혁명시대는 변하는 정도가 무엇에 비할 데 없이 심하고, 내일 일을 예측하기 힘들 정도로 발전 속도가 빠르다.

그러다 보니 오늘 계획하고 준비한 꿈들이 내일 어른이 되면 없어질지도 모른다. 무엇을 어떻게 준비해야 할지 알기 어렵다. 그래도 어른이 되기 전에 통찰력을 키워야 한다.

통찰하는 능력을 키워라. 통찰하는 힘이 없으면 살아갈 수 없다. 그러니 자신이 통찰력을 키우든가, 아니면 통찰력 있는 사람이 하는 말에 귀를 기울여라. 사람들은 자신이 무얼 모르는지 잘 알지 못한다. 그래서 지혜롭다고 착각하는 사람도 있다.

무지한 사람은 아무리 설명해도 무엇이 부족한지 깨닫지 못한다. 다른 사람에게 묻는다고 해서 자신만의 특성이 사라지는 것은 아니다. 그러니 도움말을 구하라. 도움말을 귀담아들어야 능력을 기를 수 있다.

앞날을 내다보는 능력을 '비전vision'이라고 한다. "비전이란 보이지 않는 것을 보는 기술이다"라고 《걸리버 여행기》를 쓴 영국 작가 조너선 스위프트는 말한다. 그래서 앞날을 내다보고 지혜롭게 준비하는 사람에게 "저 친구는 비전이 있어"라고 이야기한다. 오늘을 사는 삶의 모습을 보면 희망이 보인다는 뜻이다.

앞날을 내다보려면 오늘 자신의 처지나 능력에 초점을 맞추지 말아야 한다. 그 대신 나의 가능성과 변화될 모습에 집중해야 미래를 내다볼 수 있다. 좋은 모습으로 변화될 자기 가능성에 초점을 맞추면 그렇게 살아가는 미래 모습이 보일 테니까.

독일 출신인 세계적 물리학자 알베르트 아인슈타인은 "모든 것은 두 번 창조된다. 한 번은 마음속에서, 또 한 번은 실제로 창조된다"라고 말했다. 창조적인 삶, 미래를 내다보는 삶은 마음에서 시작된다. 그러니 앞날을 내다보고 싶다면 먼저 마음에서 길을 내자. 마음껏 상상의 나래를 펴고 길을 만들면 그 길이 현실이 될 테니까.

많은 청소년이 마음에서 길을 내기보다 누군가 알려준 표지판을 따라간다. 표지판이 일러준 대로 인생을 살면 어렵지 않게 길을 걸어갈 수 있다. 두렵지도 않다. 비교적 안전하게 원하는 길을 갈 수 있다. 언제 어느 때까지 도달할 수 있겠다는 예측도 가능하다.

하지만 누군가 제시해 준 표지판을 무턱대고 따라가다 보면 자신이 원하는 삶을 살 수 없다. 안전하고 예측이 가능해도 어느 순간 '내가 왜 이 길을 가는 거지?'라고 의문에 빠질 수 있다. 내 길이 아니기 때문이다.

표지판보다 중요한 것은 자기 마음에 담긴 나만의 나침반이다. 나침반이 가리키는 방향을 선명하게 바라볼 수 있다면 인생 항로도 의미 있게 결정할 수 있다.

지금 그대 마음속에 있는 인생 나침반은 어디를 향하고 있는가?

2장 내면

내면을 탄탄하게
가꾸는 마음의 힘

자신이라는
존재를 알자

삶이 원하는 대로 풀리지 않고, 어떻게 살아가야 할지 답을 찾지 못할 때 우리는 '나는 어떤 사람일까?'라는 의문에 빠진다.

'이대로 살아가도 괜찮을까?', '지금 내가 준비하는 것이 최선일까?', '꿈도 없이 방황하는 내가 한심해…' 등 다양한 고민에 휩싸인다. 사춘기는 이런 고민에 대한 답을 찾는 시기이기도 하다. 자신을 깊이 성찰하는 기간이기 때문이다.

자신이 어떤 존재인지 파악해 재능, 능력, 판단력, 성향을 알아야 한다. 자신을 파악하지 못하면 아무도 자기 자신의 주인으로 살 수 없다. 어떤 일이든 시작하기 전에 자기 능력이 어느 정도인지 알아야 한다.

전쟁터에 나가야 한다면 맞서 싸울 용기가 있는지부터 알아봐야 한다. 자신이 얼마나 깊이 있는 인간이고 일을 해낼 능력은 어느 정도인지도 알아야 한다. 겉모습이 아니라 내면이 단단해지려고 노력해야 한다.

어른이든 청소년이든 자신을 제대로 파악하지 못하면 자기 삶의 주인으로 살 수 없다. 그렇다고 수학공식처럼 자신이 어떤 사람인지 명확하게 답을 내놓기도 어렵다.

영화 〈미나리〉로 아카데미 시상식에서 여우조연상을 받은 배우 윤여정에게 "인생이란 무엇인가?"라고 물었다. 그러자 그녀는 이렇게 답했다. "70이 되어도 인생을 몰라. 나도 처음 살아보니까."

70년을 넘게 살아도 여전히 인생을 모르겠다는 말은 자신에 대해 명확하게 답을 찾기가 쉽지 않다는 의미로 다가온다. 그럼에도 그라시안은 우리에게 말한다. 자신을 제대로 파악하라고. 자신을 제대로 알라고.

자신을 안다는 것은 내가 살아갈 이유를 아는 것과 같다. 존재이유를 찾는 것이다. 오늘 살아가야 할 의미를 갖는 것이다. 남들이 좋다고 하는 것이 아닌, 시대적으로 볼 때 안정적인 것이 아닌, 자신이 하고 싶고 원하는 것을 발견하고 도전하는 삶이다. 그 의미는 쇼펜하우어에게서 이해할 수 있다.

"사람이 할 수 있는 최선의 행동, 최대의 성취는 항상 자기 자신에게서 비롯된다. 그 그릇이 크고 넓은 사람일수록 그 깊이가 더 깊은 사람일수록 스스로 느끼는 기쁨이 더욱 커지고 그만큼 더 행복해진다."

《톰 소여의 모험》,《왕자와 거지》를 쓴 미국의 소설가 마크 트웨인은 이렇게 말했다.

"인생에서 가장 중요한 날이 이틀 있는데, 첫 번째 날은 내가 태어난 날이고 두 번째 날은 내가 이 세상에 왜 태어났는지 그 이유를 알게 되는 날이다."

역시 자신을 아는 것이 중요하다는 메시지다. 그러니 지금 원하는 것이 없다고, 하고 싶은 것이 없다고, 내가 걸어가고 싶은 길이 보이지 않는다고 걱정하지 말자. 자신을 쓸모없는 사람이라고 깎아내리지도 말자. 어른도 자신이 누구인지, 인생이 무엇인지 제대로 알기 어려운데 하물며 청소년은 어떻겠는가?

다만 자신이 누구인지 관심을 갖고 제대로 알려는 노력은 하자. 외면을 가꾸는 시간보다 내면을 들여다보는 시간을 더 갖자. 누군가 정답을 제시해 주기를 바라지 말고, 스스로 답을 찾아보자. 찾고, 주목하고, 발견하려고 하다 보면 자신이 누구인지 알 수 있을 테니까. 그러다 보면 어느 순간 '아, 나는 이런 존재였구나!'라고 느끼게 될 날이 올 테니까.

주저앉으려는 마음에
지지 말자

30년간 500만 리더의 삶을 바꾼 리더십 전문가이자 작가인 존 맥스웰이라는 사람이 있다. 그가 어느 날 잠을 자다가 꿈을 꿨는데 한 남자가 복면을 쓰고 자꾸만 알짱거리며 방해했다.

그러자 그는 그 남자를 쫓아가서 잡은 뒤 복면을 벗겼는데 그는 바로 자기 자신이었다. 자기를 방해하는 것은 외부 환경이나 주변 사람들이 아니라 바로 자신이라는 것을 알려주는 이야기이다.

어떤 일이 벌어져도 용기를 잃으면 안 된다. 아무리 겁 많은 토끼라도 위기가 닥치면 죽은 사자의 갈기를 물어뜯을 수 있다. 용기는 그냥 웃어넘길 대상이 아니다. 한 번 양보하면 두 번, 세 번을 넘어 마지막까지 양보하게 된다.

강한 정신력에서 나오는 용기는 육체의 힘을 훌쩍 뛰어넘는다. 약한 정신은 약한 육체보다 더 많은 것을 잃게 만들 뿐이다. 아무리 능력이 뛰어나도 강한 정신력이 밑바탕에서 받쳐주지 않으면 삶을 비참하게 마치고 말 것이다.

서커스단에서 거대한 코끼리가 조련사의 지시에 고분고분 따르는 모습을 보면 의아하게 생각할 수 있다. 큰 힘을 이용해 자신이 원하는 곳으로 가면 될 텐데 시키는 대로 따른다. 왜 그런지는 코끼리가 서커스단에 들어올 때 답이 숨겨져 있다.

어린 코끼리가 서커스단에 들어오면 발목에 쇠사슬을 채운다. 천방지축 어린 코끼리는 쇠사슬에서 벗어나려고 안간힘을 쓴다. 그럴 때마다 발목에는 쓰라린 고통이 찾아온다. 고통을 느끼는 횟수가 늘어나면 어린 코끼리는 쇠사슬 길이 안에서만 움직인다.

코끼리는 쇠사슬을 풀어줘도 여전히 자신은 밖으로 나갈 수 없다고 생각한다. 어린 코끼리가 자유를 향해 나아갈 수 없는 이유는 쇠사슬이 발목에 채워져 있어서가 아니다. 마음이 쇠사슬에 묶여서 벗어나지 못하는 것이다.

살다 보면 어떤 선택을 하든 완전한 만족이란 없다. 아쉬워하거나 후회할 때가 많다. 최선을 다했는데도 원하는 결과를 얻지 못할 때도 있다. 공평하지 못하다고 느낄 때도 있다. 그럴 때마다 좌절하고 포기한다면 어른이 돼서도 마음을 단단히 할 수 없다.

그러니 지금부터 바라는 일이 이뤄지지 않더라도 좌절하지 말자. 나에게만 좋지 않은 결과가 나온다고 생각하지도 말자. 스스로 한계를 짓고 마음에서 지고 나면, 해볼 만한 것에도 도전할 마음이 사라질 테니까.

멋진 어른으로 성장하려면 주저앉고 싶을 때 한 번 더 일어서야 한다. 아무것도 하고 싶지 않을 때 꾸역꾸역이라도 좋으니 마음을 추스르고 '그래 다시 한번 해보는 거야!'라고 자신에게 이야기해 주자.

버텨서 다시 일어서는 것이 성장과 변화를 가져다줄 테니까. 주저앉고 싶은 마음에 지지 않아야 성숙한 어른으로 자랄 테니까. 무너졌을 때 한 번 더 용기를 품고 도전해야 삶의 성과를 이룰 수 있다.

마음의 소리를
믿어라

어렵고 힘든 상황을 만나면 많은 조언이나 충고를 듣게 된다. 모두 선한 의도로 도움을 주려고 한다. 하지만 다른 사람들의 조언은 꼭 필요한 방법을 찾는 데 방해가 될 때가 있다. 인생의 길을 잃게 만들기도 한다.

배가 고플 때는 품질이 좋지 않은 음식도 다 맛있어 보이는 것처럼 내가 힘들어 서두르면 자신에게 맞지 않는 소리도 귀담아듣게 된다. 그러다가 훗날 그건 나에게 맞지 않는 것이었다고 후회한다.

마음의 소리를 귀 기울여 듣고 확신이 서면 확고하게 믿어라. 믿다 보면 무엇이 중요한지 알게 된다. 사람에게는 대부분 하늘에서 받아든 진실한 마음이 있다. 그래서 불행이 찾아올 때를 미리 알고 대비할 수 있다.

도움의 손길을 무시하라는 말은 아니지만, 길을 잃고 헤맬 때는 여러 소리를 듣기보다는 내면의 소리에 귀를 기울여야 한다. 깊은 마음의 소리를 들을 수 있다면 문제는 쉽게 풀릴 수 있으니까.

이때 진짜 중요한 것을 기억해야 한다. 진짜 마음의 소리인지 아닌지를 판별하는 지혜가 있어야 한다. 마음에서 들리는 소리라고 해서 모두 따를 필요는 없다. 자신을 좋은 쪽으로 변화시킬 소리에만 반응해야 한다. 내면 깊은 곳에서 울리는 마음의 소리는 자신을 망치라는 말은 절대로 하지 않으니까.

두려워하는 마음도 극복해야 한다. 옳은 방향으로 가라고 마음이 이야기해도 두려움에 휩싸이면 실행에 옮기지 못하기 때문이다. 두려워하면 어떤 좋은 처방전도 효과를 발휘하기 어렵다. 30년간 자존감을 연구한 너새니얼 브랜든은 그라시안과 같은 메시지를 전한다.

"자신을 상대로 저지르는 가장 큰 범죄는 자기 결정을 부인하고 부정하는 것이 아니라 두렵다는 이유로 자신의 위대함을 부인하고 부정하는 것이다."

아마존을 창립한 미국의 제프 베조스는 2010년 프린스턴대학교 졸업식에서 마음의 소리에 반응하는 것의 중요성을 전했다. 금융회사에 다니던 그는 인터넷 관련 창업을 하고 싶었다. 회사를 다닐지, 창업을 할지 갈림길에 선 것이다.

그는 자신이 여든 살이 되었을 때 창업을 후회할지, 후회하지 않을지를 고민했다. 절대 후회하지 않을 거라고 생각한 그는 창업을 결심했다. 그렇게 마음의 소리에 반응한 결과가 세계적인 기업을 만들어냈다.

마음의 소리는 어떻게 해야 들을 수 있을까? 마음은 지금도 수많은 메시지를 뿜어낸다. 꼭 들어야 할 소리를 듣지 못하는 것은 너무 많은 소리를 들으려고 하기 때문이다.

마음의 소리 하나를 줄이면 다른 마음의 소리 하나를 들을 수 있다. 선택과 집중을 하며 마음의 소리를 듣자. 진짜 마음의 소리를 들어야 그것을 믿고 오늘을 살 수 있으니까. 그러면 나만의 인생 이야기도 써 나갈 수 있으니까.

사소한 불행도
얕잡아 보지 마라

인생의 길에는 따사로운 햇살만 비추지 않는다. 단비가 내리는 날이 있는가 하면, 폭풍우가 몰아치는 날도 있다. 음습한 기운이 이어지는 장마 같은 삶도 있다.

중요한 것은 우리의 내면이 변화무쌍한 인생의 날에 어떻게 반응하느냐에 따라 삶이 달라진다는 사실이다. 특히 불운에 반응하는 것이 매우 중요하다.

재앙의 불씨가 아무리 하찮아도 얕잡아 보지 마라. 재앙은 결코 혼자 오지 않는다. 불행하다고 생각하면 더 불행해지고 행복하다고 생각하면 더 행복해진다. 그래서 불행을 피하고 행복에 가까이 다가가려고 한다.

불행이 다가오면 생각과 말이 망가진다. 그러니 잠자는 불행을 흔들어 깨우지 않도록 조심하라. 한번 재앙의 불씨가 습격하면 어디까지 추락할지 알 수 없다. 그러므로 하늘이 내려주는 행복은 인내로 대하고, 세상의 불행은 지혜롭게 응하라.

자신이 불운하다고 생각하는 청소년이 의외로 많다. 어린 시절 정서적·신체적으로 원만한 돌봄을 받지 못하면 마음에 상처가 생긴다. 마음의 상처가 해결되지 않으면 항상 자신이 불운하다고 여기며 오늘을 산다. 행복이 찾아와도 그 행복을 마음껏 누리지 못한다.

삶에 문제가 생기면 그 문제에서 좀처럼 빠져나오지 못하고 힘들어하는 경우를 많이 본다. 그래서 내 삶에서 일어났던, 지금도 경험하고 있는 불운에 대한 태도를 점검해야 한다.

내 삶에 깃든 불운의 내용보다 그것을 대하는 느낌과 태도가 더 '나'라고 정신건강의학과 전문의 정혜신은 말한다. 불운한 일이 일어난 것보다는 그것에 반응하는 자신이 중요하다는 것이다. 그러니 불운을 대하는 나를 온전히 바라보자. 그리고 물어보자.

"지금 얼마나 힘든 거니?"

답을 할 수 없어도 괜찮다. 불운에 진심으로 다가서려는 존재가 있다는 것만으로도 불운에서 벗어날 희망이 생기는 것이니까.

인생의 길을 걸으면서 왜 내 길만 울퉁불퉁하고, 만날 장애물만 생기고, 벽에 부딪히기만 하냐고, 불운한 일만 생기냐고 절망하지 말자. 우리 삶은 장애물의 연속이니까. 내 앞길을 가로막고 있는 것 같은 장애물들을 대하는 태도를 바꿔보자.

어쩌면 불운하다고 생각한 내 삶의 장애물들은 다른 길로 돌아가라는 표지판이며, 잠시 쉬었다 가라는 신호등일 수 있다. 지금보다 더 단단해지라는 사인일 수 있다.

인생의 장애물 앞에서 넘어지고 무너지면 그것은 걸림돌이 되고 만다. 하지만 그것을 견디고 이겨내면 내 인생을 단단하게 해주는 디딤돌이 된다. 그렇게 될 것이라고 오늘 미소 짓는다면 어른이 돼서는 더 밝은 미소를 지으며 살아갈 수 있다.

평정심을
유지하라

　어른이 되어도 가장 힘든 일이 마음의 평정을 유지하는 것이다. 나이 먹은 만큼 감정을 잘 다스릴 수 있을 것 같은데 그게 쉽지 않다. 청소년 때보다 요동치는 상황과 일이 많다 보니 마음의 갈피를 잡기 어렵다.

　원하는 것을 얻으려고 마트에 드러누워 떼를 쓰는 아이처럼 굴지는 않지만 아이같이 행동할 때가 있다. 성숙하지 않은 감정 표현은 주변에 상처를 남긴다. 표정과 말로 나타나는 감정 표현에 주의를 기울여야 하는 이유이다.

분노의 노예가 되지 않으려면 언제나 냉철하라. 평정심을 잃지 않아야 넓은 마음을 유지할 수 있다. 모든 위대한 것은 쉽게 움직이지 않기 때문이다. 그러니 완전한 자신의 주인이 되어야 한다.

조금 더 담대해져서 어떤 행운이나 불행에도 크게 화내지 마라. 모든 것을 초월한 듯 평정심을 유지하는 것이야말로 사람들의 감탄을 불러일으키게 된다.

청소년기에는 성숙하지 못한 행동을 해도 어느 정도 용서를 받는다. 어리다고, 자아정체성이 형성되는 시기라고, 아직 인생을 모른다는 이유로 눈감아 주기 때문이다. 하지만 청소년이라는 이유로 면죄부를 받을 수 있다고 쉽게 생각해서는 안 된다. 어려서부터 훈련하지 않으면 어른이 되어서도 감정의 미성숙함에서 벗어날 수 없다.

마음의 넓이를 넓혀야 쉽게 흔들리지 않는다. 조약돌을 호수에 던지면 그 영향과 파장은 크지 않다. 하지만 작은 웅덩이에 던지면 정적이 깨지고 그 파장으로 생명들이 놀란다. 공간의 넓이에 따라 영향을 다르게 받는 것이다.

우리 마음도 넓이에 따라 문제를 받아들이는 것이 다르다. 마음이 넓으면 큰 문제도 쉽게 이겨내지만, 마음이 좁으면 아주 작은 문제도 힘들게 느낀다. 별것 아닌 일에 분노하고 경솔하게 행동할 수 있다.

세계적인 클래식 음악의 거장 베토벤은 귀가 들리지 않았다. 음악가에게 청각장애는 사형선고나 다름없다. 귀가

들리지 않아 삶의 의지가 꺾일 수도 있었지만 베토벤은 마음의 평정을 유지하며 명곡을 탄생시켰다. 그가 평정을 유지한 비결은 새벽에 있다. 그는 새벽이면 어김없이 커피를 직접 내려 마셨다.

여기서 중요한 건 그가 원두를 하나하나 직접 골랐다는 것이다. 그렇게 원두를 고르고 커피를 내려 마시는 과정에서 흩어졌던 마음이 평정을 유지할 수 있었다. 죽는 날까지 새벽의 루틴을 지켰다고 하니 청각장애는 걸림돌이 될 수 없었다.

"불행은 이상한 것이다. 불행을 말하면 점점 커진다. 그 원인과 그것이 미치는 범위를 올바로 이해하는 것만이 불행을 이겨내는 길이 된다."

"고난의 시기에 동요하지 않는 것, 이것은 진정 칭찬받을 만한 뛰어난 인물이라는 증거다."

청각장애를 이겨낸 베토벤의 언어로 마음의 평정을 어떻게 유지해야 하는지 배우자.

마음의 크기를 넓히겠다고 다짐한다 해서 마음이 넓혀지지는 않는다. 흔들리지 않는 내면은 일상의 삶에서 만들어진다는 것을 기억하자. 오늘 마음의 평정을 유지할 수 있는 작은 행동이 모이고 쌓일 때 마음의 크기도 넓어지고 평정심도 유지할 수 있다.

고통을 잊는 유일한 치료는
망각이다

부모님이 아이들 어린 시절을 떠올리며 '그땐 이랬는데…' 하며 흐뭇한 미소를 짓는 모습을 본 적이 있을 것이다. 오랫동안 간직하고 싶고 행복했던 순간들을 기억 속에서 꺼내 보며 행복을 되새김질하는 장면을 말이다. 이렇듯 우리는 지난 삶을 회상하며 오늘을 산다.

살다 보면 행복, 불행, 슬픔이 반복해서 일어났다 사라진다. 이때 어떤 부분을 기억하느냐가 매우 중요하다. 그 기억에 따라 오늘의 생각과 마음이 결정되기 때문이다.

잊으려고 노력하라. 행복해지려면 잊을 줄도 알아야 한다. 사람들은 가장 빨리 잊어야 할 일을 가장 오래 기억한다. 기억은 가장 필요할 때 야멸치게 떠나며, 정말 원하지 않을 때 뻔뻔스럽게 다가온다. 사람을 슬프게 하는 일에는 발 빠르게 앞장서지만, 기쁘게 하는 일에는 언제나 느릿느릿 움직인다.

고통을 잊는 유일한 방법은 빨리 잊는 것이다. 그런데도 잊지 못하는 사람들이 많다.

많은 사람이 과거의 불행에 사로잡혀 산다. 좋은 기억, 행복한 추억이 무수히 많았는데도 나쁜 기억만 불러낸다. 불행한 기억으로 행복을 덮어버리는 것이다.

작가이자 경영컨설턴트인 앤드루 J. 번스타인은 이렇게 말한다.

"부정적인 생각이 떠나지 않는 이유는 그 생각을 믿어서
가 아니라 그것을 원하거나 선택하기 때문이다."

좋지 않은 기억이 자주 떠오르는 것은 내가 선택하기 때문이다. 결국 내 선택이 불행했던 기억을 소환했고, 그로써 힘들었던 것도 나였다.

불행을 자꾸 들추는 것은 오늘의 삶이 만족스럽지 않다는 증거다. 삶이 잘 안 풀려서, 사람과 관계가 원만하지 않아서 좋지 않은 일에 반응하는 것이다. 그러니 시선을 과거에 두지 말고 내일에 두어야 한다. 희망을 품고 내일을 바

라볼 때 과거 속에 머물지 않게 되기 때문이다.

고통을 잊는 유일한 치료제는 망각이다. 그런데 이게 쉽지 않다. 어른도 잘되지 않는다. 고통을 잊으려고만 하기 때문이다. 나쁜 기억을 지우는 좋은 방법은 좋은 기억으로 채우는 것이다.

컵의 공기를 빼려면 컵에 다른 무언가를 채워 넣어야 한다. 빼내려고만 하면 절대 채울 수 없다. 내 안을 좋은 생각과 좋은 말로 채우지 않으면 나쁜 것은 결코 밖으로 나가지 않는다.

부정적인 생각이 스멀스멀 피어오를 때마다 긍정적인 생각을 하자. 좋지 않은 과거 대신 앞으로 좋아질 미래를 바라보자. 좋아질 거라고 희망하자. 부정적인 생각이 열 번 스치면, 긍정적인 생각 열한 번으로 부정을 덮자. 내면에서 부정을 덮을 때 불행한 기억도 잊힐 테니까.

불운한 시기는
누구에게나 있다

우리는 탄탄대로를 걷는 인생을 꿈꾼다. 청소년기를 살고 있으면 더욱 판타지 같은 인생을 기대한다. 따사로운 햇살이 가득하고, 풍경이 좋은 집에서 행복한 웃음이 매일의 삶에 울려 퍼지기를 기대한다. 하지만 이런 인생이 영원히 지속되지는 않는다.

주변을 둘러보면 좋은 환경에서 원하는 것을 척척 이루며 나아가는 친구들이 있다. 아무 걱정 없이 행복하게 살아가는 것 같다. 하지만 그 친구들도 어려운 점이 있다.

불행한 때는 누구에게나 온다. 되는 일이 하나도 없고 상황이 달라져도 나쁜 일이 계속된다. 그러니 자신에게 불운이 왔는지 안 왔는지를 두 번 생각하고 행동해야한다.

분별력과 지혜도 항상 같지 않다. 편지를 쓸 때도 올바른 생각을 하려면 행운이 필요하다. 모든 것이 완성되려면 시기가 맞아떨어져야 한다. 어떤 때는 하는 일마다 실패하지만 어떤 때는 조그마한 노력만으로 일이 술술 풀리기도 한다.

그라시안의 말처럼 인간은 누구나 불운한 때가 있게 마련이다. 중요한 것은 불운한 때가 찾아왔을 때 어떻게 극복해 나가느냐이다.

가장 먼저 기억해야 할 것은 이것이다. 자신이 무엇으로 힘들어하는지 스스로 알 수 있어야 한다. 스스로 아는 것만으로도 불운한 시기를 지혜롭게 극복해 갈 수 있다.

두 번째는 불운을 겪을 때 어떤 방식으로 극복해 나가는지 이해해야 한다. 정신의학계의 권위자 엘리자베스 퀴블러 로스의 '슬픔의 5단계'를 소개한다. 5단계 과정을 안다면 지혜롭게 슬픔에 대처할 수 있다.

1단계는 부정Denial이다. 자신에게 일어난 불운을 받아들이기 힘들어하고 혼란스러워한다. 해야 할 일을 아무 생각 없이 처리하기도 한다.

2단계는 분노Anger이다. 자신에게 불운한 일이 일어난 것이 공평하지 않다고 생각해 화를 내는 단계이다. 누구를 탓할지, 왜 이런 일이 일어났는지 반복적으로 생각하고 좌절하며 격한 감정에 휩싸인다.

3단계는 타협^{Bargaining}이다. 결과를 바꾸려고 애원하거나 매달린다.

4단계는 우울^{Depression}이다. 타협에도 상황이 바뀌지 않으면 좌절하고 다른 사람과 교류하지 않으며 혼자만의 시간을 보낸다.

5단계는 수용^{Acceptance}이다. 현재 상황을 받아들이며 자신이 할 수 있는 것을 한다.

모든 사람이 이 다섯 단계를 거치는 것은 아니지만 대체로 이런 단계로 어려움을 극복해 간다고 한다. 이 점을 알고 있다면 분노하거나 우울해하는 시간을 건너뛸 수도 있다. 불운을 바라보는 태도를 바꾸면 되기 때문이다.

어떤 사람은 자기 인생에 만날 먹구름만 끼었다고 불평하지만, 어떤 사람은 먹구름 속에서도 밝은 태양을 본다.

부정의 마음으로 보면 화창한 날에도 어둠이 보이고, 긍정의 마음으로 보면 먹구름이 낀 날에도 빛이 보인다.

그대는 불운을 어떤 시각으로 바라보는가?

자신을 도울 줄
알아야 한다

하늘은 스스로 돕는 자를 돕는다는 속담이 있다. 스스로 노력하는 사람을 하늘도 도와서 성공에 이르도록 만든다는 의미이다. 탄탄한 내면을 가꾸는 힘도 스스로 자신을 돌볼 때 가능하다.

청소년기는 서툴다. 자주 실수한다. 관계를 맺는데도 서툴러 금이 가는 일이 잦다. 실수하고 서툰 자신을 볼 때 실망하고 좌절하기보다 스스로를 보호하고 돌봐주어야 한다. 자기를 돌보는 행위가 탄탄한 내면을 만들어 준다.

인생을 잘 다루어라. 충동적이 아니라 지혜롭게 생각해야 인생을 잘 다룰 수 있다.

인생의 첫 번째 단계는 죽은 이들과 교감하는 것으로 시작하라. 우리는 자신을 잘 알고 깨닫기 위해서 산다. 이때 좋은 책이 우리를 인간답게 만든다.

인생의 두 번째 단계는 살아 있는 사람들과 보내라. 그러면서 세상의 좋은 것들을 보고 느껴라.

인생의 세 번째 단계는 자기 자신과 함께하라. 여기서 행복은 사색하며 사는 것을 말한다.

아무리 유명한 상담가를 만나도 내가 문제를 해결하려
는 의지나 노력이 없다면 효과도 없다. 〈오은영의 금쪽 상
담소〉를 진행하는 오은영 박사는 만나는 사람마다 상담이
성공하는 것으로 보인다.

상담이 좋은 방향으로 흘러가는 사람들은 스스로 마음
을 연 이들이다. 지금보다 더 나은 삶을 살고 싶다는 열망
이 있는 사람들이 문제를 해결했다. 스스로 마음을 열고 상
담을 받아들이지 않으면 상태는 그대로일 수밖에 없다.

자신을 있는 그대로 받아들이자. 문제가 없다고 괜찮은
척하지 말고 기꺼이 도움이 필요함을 인정하자. 다른 사람
에게 도저히 마음을 열 수 없다면 스스로 돕자. '누가 날 위
로해 주지'라며 위로해 줄 사람을 기다리지 말고 스스로 다
독여 주자.

"아주 잘 견뎌서 얼마나 대견한지 몰라."

"지금까지 아주 잘해 왔어. 앞으로도 잘할 수 있을 거야."

"힘들지만 다시 일어서려고 노력하는 네가 정말 멋있어."

다른 사람에게 받는 위로도 힘이 있지만, 스스로에게 건넨 위로가 더 효과적이다. 그러니 자신에게 긍정의 언어를 선물하자. 말에는 생명이 있어 마음은 들은 대로 변하기 마련이니까.

자신을 위해 하루를 선물해 주는 것도 실천해 보자. 제일 멋진 옷을 골라 입고, 먹고 싶은 음식을 즐기자. 나를 위해 선물도 사주자. 나를 위로하고 사랑해 줄 사람이 자신이면 더 효과적이니까. 이런 사람을 하늘도 도울 수 있으니까 말이다.

사람 마음을 얻으려면
알아야 할 것들

3장 관계

우정을 얻으려면
호의를 베풀어라

어른들이 사회생활을 할 때 가장 힘들어하는 것은 무엇일까? 일과 관련된 것이라고 생각할지 모르지만 그렇지 않다. 인간관계가 가장 힘들다고 한다.

사람들과 관계를 맺으며 사는 것이 제일 어렵다고 한다. 그만큼 인간관계는 어렵다. 오죽하면 영국의 철학자 토머스 홉스는 "사람은 사람에게 늑대다"라고 했을까. 그래서 청소년기부터 친구 잘 사귀는 법을 배워야 한다.

친구를 사귀어라. 어떤 친구라도 도움을 주고받을 수 있다. 친구의 도움을 받으면 일이 순조롭게 풀린다. 주변 사람들이 친구가 되고 싶어 하도록 그들 마음을 얻어라. 사람 마음을 얻는 데 호의를 베푸는 것보다 더 좋은 방법은 없다.

친구를 만들려면 먼저 그의 친구가 되어야 한다. 삶에 친구가 없으면 적들에게 둘러싸여 살아야 한다. 그러니 행복을 빌어 주는 사람을 찾아라. 그들에게 호의를 베풀면 몇 명과는 친구가 될 수 있다.

청소년기에 가장 중요한 관계는 친구 관계다. 친구는 가족 다음으로 가까운 사이다. 가족보다 더 가까운 관계를 유지하는 경우도 많다. 힘들 때 위로가 되고, 기쁠 때 함께 웃는 관계 말이다.

그런데 살다 보면 이런 친구를 만나기가 쉽지 않다는 것을 안다. 상대가 내 마음 같지 않기 때문이다. 비록 길지 않은 인생을 살고 있는 청소년들도 관계 맺는 것이 힘든 일임을 깨닫는다. 그런 우리에게 그라시안은 먼저 호의를 베풀라고 조언한다.

호의를 베푸는 것은 관계 형성에 매우 필요하다. 하지만 어떤 마음으로 호의를 베푸는지 그 중심에 있는 마음이 더 중요하다. 선하지 않은 의도와 목적을 갖고 호의를 베푸는 것은 바람직하지 않다. 자기 목적이 달성되면 관계에 금이 가지 않겠지만 그렇지 않으면 상대와 관계는 오래가지 못한다. 자신이 목표한 바를 상대에게서 달성하지 못했기 때문이다.

사람은 받은 호의는 쉽게 잊고 베풀었던 호의는 오래 기억하기 마련이다. 그대가 베푼 호의를 받았던 친구는 그것을 쉽게 잊을 수 있다. 반대로 자신이 베푼 호의는 잊지 않는다. 그래서 어떤 의도로 호의를 베풀고 있는지 늘 관심을 가져야 한다.

다른 사람과 좋은 관계를 시작하는 것은 나를 대하는 태도에서 비롯한다. 나를 대하는 태도가 다른 사람을 대하는 태도를 결정하는 것이다. 나를 사랑하면 그 능력으로 다른 사람을 사랑할 수 있고, 나를 격려하면 그 능력으로 다른 사람을 격려할 수 있다. 나를 위로하고 다독거릴 수 있는 사람이 그 능력으로 다른 사람을 위로하고 다독거릴 수 있다. 행복을 빌어주는 사람이 되는 것이다.

마음에 없는 것은 재생될 수 없다. 그러니 먼저 내 마음에 행복을 빌어주는 따듯한 마음을 담자. 자신을 아끼고 사랑해 주자. 친구를 사귈 때 행복을 빌어주는 따듯한 마음이 뿜어져 나오도록….

상황에 맞게
감정을 표현하라

    표현이 서툴러 관계에 힘들어하는 사람이 많다. 서투른 표현은 그래도 괜찮다. 어떻게든 자신의 속마음을 표현하기 때문이다.

    문제는 자기 마음을 전혀 표현하지 않는 것이다. 괜히 속마음을 표현하고 혼자 마음 아프기 싫어서, 오히려 관계를 악화시킬까 봐 그냥 참는다. 상대가 무슨 행동을 하든 싫은 내색 없이 마냥 좋다는 행동도 칭찬받기 어렵다.

마음이 너무 좋기만 한 사람은 화를 내지 않는다. 그런 사람은 게으른 것이 아니라 능력이 없는 것이다. 어떤 일에 적절하게 반응하는 것이 자신이 인격체라는 사실을 알려준다. 감정을 표현할 줄 알아야 비로소 인간적으로 보인다.

새들도 때로는 허수아비를 놀린다. 지혜로운 사람은 달콤하고 새콤한 것을 조화롭게 섞는다. 아이와 바보는 달콤한 것만 찾는다. 마냥 착하기만 할 뿐 무딘 것도 죄가 된다.

"열 길 물속은 알아도 한 길 사람 속은 모른다"라는 속담이 있다. 이 속담은 실제로 맞는 말이다. 표현하지 않는 사람 마음은 제대로 알기가 어렵다. 그렇다고 모든 감정을 다 표현하며 사는 것도 바람직하지 않다. 그래서 상황에 맞는 감정 표현법을 배워야 한다.

화가 났을 때 감정 표현을 잘 못해서 문제를 일으키는 사람이 많다. '분노조절장애'라는 병명이 생길 정도로 많은 사람이 화를 조절하지 못한다. 직접적인 분노도 문제지만, 온라인상에서만 자신의 감정을 표출하는 경우도 있다. 독이 잔뜩 묻어 있는 글은 오히려 오랫동안 남아서 마음을 아프게 한다.

자신의 감정을 꽁꽁 숨기고 있는 청소년도 많다. '도대체 무슨 생각을 하는지 알 수 없다'며 주변에서 우려할 정도이다. 말 못 할 이유가 있겠지만 감정을 숨기기만 하면 어떤 문제도 해결할 수 없다는 것을 알아야 한다.

말보다 더 힘이 있는 것은 비언어이다. 말투, 어조, 표정 등 비언어적인 것들에 더 많은 주의가 필요하다. 사람의 진심은 언어가 아닌 비언어적인 것으로 더 자세히 느낄 수 있으니까.

말로는 미안하다고 하면서 표정과 말투를 다르게 하면 상대방은 진심을 느끼지 못한다. 나는 진심을 말했는데 상대가 진심으로 느끼지 않으면 그건 잘못 표현한 것이다. 그래서 언어와 비언어를 일치하려고 신경 써야 한다.

감정을 표현할 때 가장 중요한 것은 자기 마음속에서 일어나는 감정을 알아차리는 것이다. 왜 그런 감정이 생겼는지 이유를 알아야 효과적인 표현법도 해결책도 마련할 수 있으니까. 어떻게 말하고 표현해야 하는지 선택할 수 있으니까.

분노, 화, 절망, 슬픔의 감정은 순간 참았다가 나중에 표현해도 문제가 되지 않는다. 그러나 미안함, 감사, 사랑의 감정은 바로 표현할수록 좋다. 좋은 감정은 그 순간이 지나면 효과가 줄어들기 때문이다. 좋은 감정을 저축해 둔다고 이자가 붙는 것은 아니니까.

"사랑해요!"

"고마워요!"

"미안해요."

언젠간 하겠다고 저축해 둔 말, 이제는 하며 살자. 표현
한 만큼만 전달되니까.

좋은 관계는
적당한 거리에서 만들어진다

"인생은 가까이서 보면 비극이고 멀리서 보면 희극이다"라는 말이 있다. 영화배우이자 영화감독으로 유명한 찰리 채플린이 한 말이다. 멀리 떨어져 볼 때는 좋아 보이던 것들이 가까이에서 경험하고 자세히 보면 그 실상을 알게 된다는 의미이다.

인간관계에도 적당한 거리가 필요하다. 친밀하다고 해서 꼭 좋은 관계로 이어지는 것은 아니기 때문이다.

아주 친한 사이라도 예의를 지켜라. 허물없이 만나다 보면 서로 예의를 지켜야 할 부분도 그냥 넘어간다. 때로 멀리 떨어져 있으면 경외하는 마음을 갖게 된다. 별이 신비롭고 찬란한 이유는 지구에서 멀리 떨어진 높은 곳에 있기 때문이다.

친하다고 모든 것을 공개하지 마라. 아무리 훌륭한 것도 너무 알려지면 제 가치를 인정받지 못한다. 사람이 한순간에 추락하는 이유는 자신의 모든 것을 보여주기 때문이다. 세상 이치가 그렇다.

'고슴도치 딜레마'라는 심리학 용어가 있다. 인간관계 속에서 서로의 친밀함을 원하면서도 동시에 적당한 거리를 두고 싶어 하는 욕구가 공존하는 모순된 심리 상태를 말한다. 이 이야기를 이해할 수 있는 동화가 있다. 바로 쇼펜하우어의 〈고슴도치 이야기〉이다.

눈보라가 휘몰아치는 어느 겨울날, 고슴도치 형제가 차가운 바닥에 앉아 오들오들 떨고 있었다. 형제는 얼어 죽지 않으려고 꼭 부둥켜안았다. 서로의 체온이 느껴지는 순간 둘은 따가운 가시 때문에 서로 밀어낸다. 하지만 다시 추위를 느껴 서로 껴안지만 상대의 가시로 인한 고통 때문에 다시 떨어지기를 반복한다. 형 고슴도치가 그 이유를 발견하고 이렇게 외친다.

"너무 가까워지면 가시에 찔리고 너무 멀어지면 추워지는 거야."

그래서 형제는 가깝지도 멀지도 않게 지낼 방법을 찾는다.

실제 고슴도치는 가시가 없는 머리를 맞대고 잠을 잔다
고 한다. 서로에게 고통을 주지 않고 함께 지낼 방법을 터
득한 것이다.

좋은 관계를 유지하려면 상대에게 피해를 주지 않고,
상처받지 않을 적당한 거리가 필요하다. 그러려면 상대를
잘 알아야 한다. 좋아하는 것과 싫어하는 것, 하고 싶은 것
과 하기 싫은 것, 잘 먹는 것과 잘 먹지 못하는 것이 무엇인
지 파악해야 한다. 취미, 책, 음악, 드라마 등의 장르도 나
누면서 서로를 이해하는 시간이 필요하다.

상처받지 않고 상처 주지 않으려면 상대에 대한 기대를
최소화하는 게 좋다. 기대가 없으면 상처받을 일도 없으니
까. 바라는 게 없으면 실망할 일도 없으니까.

그래도 상대에게 속상한 것이 있다면 무조건 참지는 말
자. 건강한 관계는 한 사람의 일방적인 희생으로 얻어지는
것이 아니니까. 더불어 행복해지는 것이 건강한 관계이니까.

오래갈 친구라면
상대 결점에 익숙해져라

세상에 완벽한 사람은 없다. 누구나 장점과 단점이 있게 마련이다. 장점만 보이면 좋은 관계를 유지할 수 있겠지만 단점이 마음에 더 와닿으면 문제가 생길 수 있다.

상대의 결점 때문에 아파할 때도 있고 아예 관계가 깨질 때도 있다. 그래서 결점을 어떻게 대해야 할지 알아두는 게 친구 관계를 유지하는 데 좋다.

친구들의 단점에 익숙해져라. 서로 가까이해야 하는
사이라면 어쩔 수 없다. 함께할 수 없을 만큼 끔찍한 성
격이라도 없어서는 안 되는 관계가 있다.

　피할 수 없다면 그들의 성격에 적응하는 것이 현명하
다. 처음에는 깜짝 놀랄 정도로 힘들겠지만 시간이 지나
면 익숙해진다. 신중하게 생각하면 불쾌한 느낌을 미리
막거나 견뎌낼 수 있다.

그라시안은 함께 지내야 할 관계라면 상대 결점에 익숙해지라고 조언한다. 결점을 인정하고 받아들이면 그것으로 자신이 힘들어지지 않는다는 것이다. 중요한 것은 어쩔 수 없이 참는다는 식으로 하지 않는 것이다.

억지로 참고 견디면 내 감정이 먼저 상한다. 내 안에 고스란히 쌓여서 겉으로 드러나고 만다. 상한 마음으로 사람을 만나면 나 때문에 관계에 금이 가는 상황이 생길 수도 있다.

상대의 결점으로 힘들면 그 사람을 비난하기 전에 먼저 그를 이해하려고 노력해 보자. 상대가 어떤 상황인지 알게 되면 결점도 받아들일 수 있을 테니까. 조금은 덜 상처받고 오해도 풀릴 수 있을 테니까. 결점에 익숙해질 수도 있을 테니까.

자신에게 아픔을 주는 친구가 있을 때 흔히 "사람이 어떻게 그럴 수 있어!"라고 말한다. 그런데 사람은 그럴 수 있다. 어쩔 수 없는 상황에 처하면 자신의 의도와 상관없이 행동하는 경우가 많다.

그러니 비난하기 전에 한 번쯤이라도 '왜 그런 행동을 하게 되었을까?'라고 처지를 바꿔 생각해 보는 건 어떨까? 나도 그와 비슷한 처지에 놓이면 그 친구와 같은 행동을 할 수도 있으니까. 처지를 바꿔 바라보면 보이지 않던 것이 보이고, 알 수 없었던 사실을 만나게 된다. 그러면 상대 결점도 이해할 수 있다.

사랑할 줄 모르고, 이해할 줄 모르고, 배려할 줄 모르는 친구를 비판하지 말자. 진정한 사랑과 이해와 배려를 받아 보지 않아서, 어떻게 사랑하고 이해하고 배려해야 하는지 모르는 거니까.

내가 먼저 사랑하고 이해하고 배려하자. 고기도 먹어본 사람이 잘 먹듯이 사랑과 이해, 배려도 받아 보아야 똑같이 따라 할 수 있다.

극단적으로
관계를 정리하지 마라

뉴스에서 정상회담 장면을 볼 때가 있다. 긴밀한 의제나 협상이 필요할 때는 두 나라뿐만 아니라 주변 나라까지 관심을 표한다. 자기 나라에 득이 될지, 실이 될지 계산해 보기 위해서이다.

그런데 회담 발표를 들어보면 모호한 내용이 많다. 딱 잘라 표현하지 않아서 발표 내용을 해석하느라 진땀을 빼는데, 모호하게 이야기하는 것이 외교의 기술이란다. 모호해야 여지가 있고 새로운 길을 모색할 수 있기 때문이다.

절대로 절교를 선언하지 마라. 그러면 반드시 명예에 큰 상처를 받을 수 있다. 친구가 멀어지면 오히려 가장 나쁜 적이 될 수 있다. 자기 실수는 숨기고 남의 잘못은 까발리는 것이 사람의 속성이다. 누구나 자기에게 유리한 쪽으로 이야기하고, 자기가 보고 싶은 것만 본다.

다른 사람의 비난을 받는 사람은 생각이 깊지 못하거나 참을성이 부족하다. 그러니 우정에 금이 가면 자연스럽게 멀어지도록 내버려두라. 서로 상처 입고 헤어지는 것보다 낫다.

살다 보면 다시는 만나고 싶지 않은 사람이 있다. 칼로 무를 자르듯 관계를 단절해 버리고 싶다. 그래도 그라시안은 결코 절교하지 말라고 조언한다. 절교하면 그 친구가 최악의 적이 될 수 있기 때문이란다.

그럴 때는 자연스레 멀어지도록 내버려두자. 아무리 노력해도 관계를 회복할 수 없고, 상대가 달라지지 않을 것 같다면 거리를 두는 것이 상책이다. 거리가 점점 멀어지게 내버려두면 관계는 저절로 정리된다. 서로 상처받지 않고 헤어질 수 있다.

미국의 사회심리학자 스탠리 밀그램은 '6단계 분리 이론'을 주장했다. 6명만 거치면 세계의 모든 사람이 연결된다는 이론이다. 페이스북에서도 자체적으로 조사했는데, 전 세계 모든 사용자는 4.75명을 거치면 서로 연결된다고 한다. 5명이나 6명만 거치면 세계 모든 사람과 연결된다는 것이다.

그러니 오늘이 마지막인 것처럼 떠나보내지 말자. 그

사람을 통해 전 세계 모든 사람을 만날 수 있으니까. 그 사람 덕에 내 평판이 달라질 수 있으니까.

오늘이 마지막인 것처럼 떠나보내면 상처가 남는다. 때로는 비판하는 말도 쏟아내게 된다. 비판하면 상대는 자연스레 방어하는 태도를 보인다. 스스로 정당화하려 한다. 어쩔 수 없었다고 정당화하다 보면 오히려 상처만 깊어진다.

절교하고 싶은 마음이 들더라도 화해의 문을 살짝 열어두자. 때로는 미적지근하더라도 여지를 남겨두자. 그러면 상대와 최악의 상황까지는 가지 않는다.

부탁과 거절의
방법을 배워라

　살다 보면 부탁 때문에 난처할 때가 있다. 부탁을 들어주기도 모호하고, 거절하자니 상대방과 관계가 서먹해질까 봐 이러지도 저러지도 못하는 것이다. 그라시안은 우리 고민을 이미 알기라도 하듯 부탁과 거절의 방법을 수록해 두었다.

　사실 부탁을 모두 들어주면 좋겠지만, 그럴 수 없는 게 인생이다. 자신이 한 부탁도, 누군가에게 받은 부탁도 적절하게 대처하는 방법이 필요하다.

거절하는 방법을 알아야 한다. 무조건 승낙하는 것은 지혜롭지 못하다. 때로는 거절이 어쩔 수 없는 승낙보다 더 만족스러울 수 있다. 덮어놓고 거절부터 하면 나중에 승낙하더라도 유쾌하지 않아서 도움이 안 된다.

그렇다고 딱 잘라 거절하는 것도 좋은 방법이 아니다. 그러면 인정머리 없는 사람으로 보일 수 있다. 거절할지 승낙할지는 깊이 생각한 뒤 결정하는 것이 좋으며 거절은 정중하게 해서 거절당한 아픔이 크지 않게 해야 한다.

글을 읽다 보면 '뭘 이렇게 많이 배워야 해? 그냥 부딪치면서 살면 되지!'라고 생각할 수 있다. 학교와 학원만으로도 벅찬데 부탁과 거절의 기술까지 알아야 한다고 하니 당연한 항변이다.

하지만 살다 보면 어쩔 수 없이 부탁을 받을 때가 있고, 부탁을 해야 할 때가 있다. 부탁의 내용도 다양해서 어떻게 대처해야 할지 난감할 때가 많다.

부탁할 때는 상대가 거절할 수 있다는 생각을 제일 먼저 해야 한다. '이 정도는 들어줄 거야'라고 미리 짐작해서는 안 된다. 부탁을 들어줄지, 거절할지는 상대방 결정에 달려 있기 때문이다. 어떤 결정을 내려도 수용할 마음이 필요한 것이다.

중요한 것은 부탁할 때의 말투와 태도이다. 태도가 좋지 않으면 아주 사소한 부탁도 거절당할 수 있고, 그로써 관계에 금이 갈 수 있다. 무슨 일이든 태도가 나쁘면 관계에는 손해가 된다.

거절하지 못해 모든 부탁을 다 수용하는 사람도 문제가 된다. 내가 감당할 능력을 초과하는 부탁은 거절할 수 있어 야 한다. 그런데도 좋은 관계를 유지하려고 부탁을 들어주 다 보면 지치고 힘이 드는 순간이 온다. 그때는 내 배려가 나를 아프게 하는 화살이 된다.

거절은 너무 빠르게, 쉽게 하지 말자. 어렵게 부탁한 사 람의 처지에서 빠른 거절은 그 일에 대한 거절이 아니라 자 신의 존재를 거절당한 기분이 들 수 있다. 신중하게 거절하 고 그 이유가 뭔지 설명하면 좋다. 상대가 거절한 이유를 상상하지 않도록 설명해 주는 것이다. 아무런 이유 없이 거 절 의사만 전달하면 관계에 금이 갈 수 있다.

서로 믿음이 쌓인 관계에서는 부탁과 거절이 어렵지 않 다. 그 이유를 굳이 말하지 않아도 관계를 깨거나 오해하고 상처받는 일이 없기 때문이다. 그러니 서로 믿을 수 있는 관계를 하나하나 쌓아가자. 좋은 관계는 하루아침에 만들 어지지 않는다.

명예롭게
경쟁하라

우리 삶을 흔히 전쟁터에 비유한다. 잠시 한눈 팔면 도태되는 시대이다 보니 강한 전투력으로 불타는 청소년이 많다. 어떻게든 상대를 이기려고 안간힘을 쓴다.

그라시안이 살았던 17세기 스페인도 경제활동 쇠퇴, 재정 부족, 군사력 약화 등으로 전쟁터 같았다. 하지만 그라시안은 명예롭게 경쟁하라고 조언한다. 그 의미가 4차 산업혁명시대를 살고 있는 우리에게도 울림을 준다.

명예심과 의무감이 있는 사람들과 사귀어라. 그러면 어쩔 수 없이 싸우더라도 서로 의무를 다한다. 의견이 같지 않더라도 명예를 헤아린다.

　명예롭지 못한 사람은 믿을 수 없다. 정직한 경쟁에 대해 아무 생각도 없기 때문이다. 그들과는 우정이 오래 가지 못한다. 당장 눈앞에 보이는 우정을 중요하게 생각하지 않는다. 명예로운 경쟁이 그들에게는 힘을 발휘할 수 없다.

명예롭게 싸우려면 경쟁의 의미를 먼저 이해해야 한다. 경쟁의 사전적 의미는 '같은 목적에 대하여 이기거나 앞서려고 서로 겨룸'이다. 하지만 영어의 경쟁competition은 조금 다른 의미를 품고 있다.

　　경쟁은 어원이 라틴어 'competere'에서 비롯했는데 '최선의 결론을 얻기 위해 함께 추구한다'는 뜻이다. 공정하게 경쟁을 펼치며 함께 성장해 나가는 것이 경쟁의 본질이다. 이기거나 앞서려고 서로 겨루지만 공정해야 한다는 것이다.

　　함께 성장하는 것이 경쟁의 진정한 의미지만, 현실은 그렇지 못하다. 많은 사람이 수단과 방법을 가리지 않고 이기는 쪽을 선택한다. 옳지 않은 방법을 사용해도 걸리지 않으면 괜찮다고 생각할 때도 있다. 경쟁에서 밀려나면 바라는 것을 이루기 어려운 무한 경쟁 사회가 낳은 아픈 현실이다.

　　하지만 진실은 언젠가는 드러나게 마련이다. 역사가 증명하고 수많은 사람의 삶이 말하지 않는가. 그러니 조금 손해 보더라도, 경쟁에 밀려 원하는 결과를 얻지 못하더라도 명예롭게 경쟁하자. 그것이 남에게도 자신에게도 떳떳하니까. 어른이 돼서도 당당하게 살아갈 수 있을 테니까.

타고난 능력과 환경 때문에 공정한 경쟁을 하지 못해 속상해하는 사람도 있다. 그래서 시도조차 하지 않고 미리 포기한다. 사실 세상에는 차이가 존재한다. 내 힘으로 바꿀 수 없는 것이 있다. 그것을 인정하고 받아들이는 자세도 필요하다.

또한 자신이 할 수 있는 것에 집중하자. 이런 사람들이 세상과 자신을 바꾸니까. 미국 자산가의 약 70퍼센트는 자수성가형이라고 한다. 중국과 일본의 비율은 더 높다. 많은 자산가가 자신을 둘러싼 불우한 환경을 이겨냈다. 이들이 출발선이 공정하지 않다고 뛰지 않았다면 그 자리에 있지 못했을 것이다.

명예롭게 경쟁해도 얼마든지 소망을 이룰 수 있다. 그러니 오늘 조금 더 용기를 내고 자신이 할 일에 집중하자. 그것이 내 인생을 바꾸는 시작점이 될 것이다.

감정은
전염된다

　"행복하고 싶다면 행복한 사람 곁으로 가라"라는 말이
있다. 전염이 강한 바이러스처럼 우리 감정도 전염성이 강
해서 주변 환경의 영향을 많이 받는다는 뜻이다.

　사회적으로 유명한 사람이 자살하면 그것을 모방한 일
반인의 자살률도 올라간다는 베르테르 효과도 같은 맥락에
서 볼 수 있다. 긍정적이든 부정적이든 감정은 상대에게 영
향을 준다.

유쾌하게 행동하면 그 기분이 널리 퍼져 나간다. 다만 절제가 더해졌을 때 그렇다. 훌륭한 사람도 때로 유쾌하게 행동한다. 사람들이 좋아하기 때문이다.

유쾌한 상황에서도 그들은 품위를 잃지 않고 예의도 잘 지킨다. 어려운 상황에 빠지면 가벼운 농담으로 위기에서 벗어난다. 부드럽고 편안한 자세를 보이면 사람의 마음을 끌어당길 수 있다.

하버드대학교에서 의학과 과학을 토대로 인간관계의 비밀을 연구해서 내놓은 책이 《행복은 전염된다》이다. 연구 결과 친구가 행복하면 그 친구가 행복할 확률이 15퍼센트 상승했다. 친구의 친구가 행복하면 행복의 확산 효과는 10퍼센트였다. 친구의 친구의 친구가 행복해도 행복 확산 효과는 6퍼센트였다. 행복한 사람 곁에 있으면 행복할 확률이 그만큼 증가된다는 것이다. 가까우면 가까울수록 그 퍼센트는 높다.

행복이 전염된다면 불행이나 부정적인 마음도 전염된다는 사실을 기억하자. 부정적인 기운으로 나를 아프게 한다면 멀리하는 것도 좋다. 상대를 나의 좋은 기운으로 변화시킬 수 없다면 말이다. 적당한 거리를 유지하는 것이 나를 지키는 길이 될 수 있으니까.

심리학에도 비슷한 용어인 조건화Conditioning라는 말이 있다. 긍정적이든 부정적이든 반복적으로 주문을 걸면 주문하는 대로 인생이 흘러간다는 것이다. 좋은 말, 좋은 생각,

좋은 것을 보고 자라면 긍정적으로 인생이 펼쳐지고, 그 반대면 부정적인 방향으로 흘러간다. 어떤 말을 자주 듣고 어떤 감정의 사람을 자주 만나느냐에 따라 삶이 변화된다는 것이다.

그래서 지금 만나고 있는 사람을 점검해야 한다. 사람은 전염의 동물이니까. 웃고 있는 사람을 만나면 나도 모르게 웃게 되고, 부정적인 사람을 만나면 나도 모르게 부정적으로 변하기 마련이다.

오늘 그대는 어떤 사람들을 만났으며 무엇에 전염되었는가? 오늘 그대는 다른 이들에게 무엇을 전염시켰는가?

4장 언어

자신의 가치를
높이는 말기술

내 안에 쌓인 것이
말로 드러난다

코로나19가 많은 부분을 달라지게 했다. 그중 하나는 관계의 단절이다. 학생들은 학교에 가지 못했다. 회사원들도 집에서 근무하는 시간이 길어졌다. 만날 수 없으니 대화도 끊겼다.

얼굴을 맞대고 이야기하는 것보다 누리소통망서비스[SNS]로 소통하는 것이 더 편하다고 하는 사람이 많아졌다. 청소년도 예외는 아니다. 그럼에도 대화의 기술을 배워야 한다. 중요한 선택과 결정은 대화로 완성되기에 그렇다.

대화법을 배워야 한다. 대화는 자신을 드러내는 가장 중요한 방법이다. 살면서 이보다 더 조심해야 할 일은 없다. 대화 없이는 살아갈 수 없으니 말이다. 대화로 점수를 따거나 잃기도 하고, 이미지를 좋게 하거나 나쁘게도 한다.

생각하면서 쓰는 편지에서도 실수할 때가 있다. 하물며 바로 그 자리에서 하는 대화는 주의하지 않으면 실수를 더 많이 하게 된다. 경험이 많은 사람들은 혀에 삶이 달렸음을 안다. 그래서 소크라테스는 이렇게 말했다.

"말하라, 그러면 내가 너를 볼 것이다."

대화는 유창한 말솜씨보다 상대를 생각하며 하는 것이 더 중요하다.

앞으로는 기계나 인공지능과 소통하는 시간이 훨씬 많아질 것이다. 대화형 인공지능의 한 종류로 메신저에서 유저와 소통하는 챗봇의 등장은 사람들끼리의 대화를 더욱 어렵게 만들고 있다.

그러다 보니 인공지능이 발달하면 굳이 사람과 대화가 필요하지 않을 거라고 생각할 수 있다. 하지만 그렇지 않다. 오히려 의사소통 능력이 더 중요하다고 전문가들은 말한다.

2023년 국내 100대 기업에서 뽑은 인재상 중 의사소통 능력은 3위를 차지했다. 2018년에는 1위였다. 대학입시에서도 의사소통 능력이 중요한 요소가 된다. 아무리 성적이 뛰어나도 면접관과 소통하면서 자신을 증명하지 못하면 좋은 결과를 얻지 못하는 것이다.

말은 자신을 증명하는 것을 넘어 사람의 인생, 조직, 공동체의 운명을 결정 짓기도 한다. 사람을 살리기도 하고 죽음에 이르게 할 때도 있다. 절제되지 못한 언어로 공동체나

모둠을 뒤흔드는 경우도 있다. 또한 관계를 살리기도 하고 파괴하기도 한다.

입 밖으로 나온 말은 그 사람의 수준이다. 그 사람의 생각과 마음이다. 툭 튀어나온 말 한마디는 그 사람 내면에 쌓이고 쌓여서 비로소 입 밖으로 나온 것이니까.

대화의 기술을 배우는 것은 사실 자신을 다듬는 과정이다. 콜라를 마시면 트림이 나오듯이 자기 안에 쌓인 것이 몸짓으로 언어로 드러나는 것이다. 그러니 현란한 대화 기술을 익히기 전에 자신을 가다듬자. 잘 배우고 잘 익히자. 좋은 생각을 자주 하자. 아름다운 것이 배어나오도록 좋은 것을 보자.

그러면 내 안에 쌓인 것들이 흘러 넘쳐서 근사한 말들이 쏟아질 것이다. 자기 가치를 높이고 사람과 공동체를 살리는 생명의 말이 나올 것이다. 그 말들을 듣고 사람들은 "대화의 기술이 좋다"라고 할 것이다. 대화의 기술은 이렇게 자신을 가다듬는 데서 시작된다는 것을 기억하자.

마음을 보고
말하자

"사람은 죽어도 책은 남는다"라는 말이 있다. 한 번 쓴 책은 영원히 사라지지 않는다는 의미이다. 글의 중요성을 전하는 메시지이다.

말도 다르지 않다. 말은 글자처럼 종이에 새겨지지는 않지만, 입 밖으로 나오면 살아서 움직인다. 사람의 마음, 생각, 영혼 속으로 스며들어 뿌리를 내리고 싹을 틔우고 열매를 맺는다. 그래서 평소에 혀를 다스리는 훈련을 해야 한다.

자제하는 힘을 키워라. 별 문제 없이 살아가던 사람
이 한순간의 화나 기쁨으로 어려움에 빠질 수 있다. 때로
는 순간적인 화가 평생 부끄러움으로 남을 수 있다. 나쁜
생각을 품은 사람이 순간의 실수를 하도록 시험하기도
한다.

　아무리 뛰어난 사람이라도 덫에 걸릴 수 있다. 아무
생각 없이 내뱉은 한마디가 듣는 사람에 따라서는 큰 상
처가 될 수 있다.

소통의 중요성이 강조되다 보니 말을 잘하려고 노력하는 사람들이 많아졌다. 현란한 말주변으로 사람들을 사로잡고 자신의 능력을 드러내 보이고 싶어 한다. 하지만 말을 많이 하는 것보다 절제하는 것이 더 중요하다. 지혜로운 사람은 혀를 통제하고 자신을 다스린다. 《탈무드》에도 같은 메시지가 나온다.

한 장사꾼이 거리에서 큰 소리로 외쳤다.

"행복한 인생을 사는 비결을 팝니다."

사람들이 순식간에 몰려들었다.

"제발 그 비결을 나에게 파시오."

사람들이 다투어 졸라대자 장사꾼이 이렇게 말했다.

"참된 인생을 사는 비결은 자신의 혀를 조심해서 쓰는 것뿐이오."

혀를 조심해서 쓰는 것이 행복의 비결이라는 말은 어느

시대를 살든 공통적으로 강조하는 메시지다. 혀를 제어하지 못하면 상처를 만들고 주변 사람들을 아프게 하기 때문이다. 주변만 고통스럽게 하는 것이 아니다. 자신도 내뱉은 말로 힘들 수 있다. 말은 메아리와 같아서 자신이 한 말은 이곳저곳을 돌고 돌아 결국 자신에게 스며든다. 그래서 혀를 통제해야 한다.

사람을 비참하게 만드는 것은 대부분 먹는 것, 입는 옷, 삶의 환경 등 아주 작은 것들이다. 아주 사소한 부분을 건드려 이야기할 때 마음이 상한다. 자신은 아무렇지 않게 이야기해도 상대가 불편하다고 느끼면 상처로 남는다. 말은 하는 사람이 아니라 듣는 사람 처지가 더 중요하다.

혀를 통제하지 못하고 보이는 대로 말하면 어떤 사람에게는 평생 씻을 수 없는 상처가 될 수 있다. 그러니 보이는 대로 말하지 말고 마음을 보고 말하자. 공감하는 마음으로 상대의 마음을 보자. 내면을 볼 수 있다면 함부로 말할 수 없으니까. 상대를 마음으로 보는 사람은 혀를 통제할 수 있다.

주의해서
들어라

우리는 하루에도 수많은 말을 듣는다. 공부의 말, 배움의 말, 자기계발의 말, 일상생활의 말들을 들으며 성장하기도 하고 무너지기도 한다. 중요한 것은 자신이 들은 말을 어떻게 받아들이느냐이다.

특히 자신과 관련된 말은 신중하게 듣고 잘 해석해야 한다. 내가 아닌 것 같은 생각이 들어도 그 말에 자신을 끼워 맞출 때가 있다. 그러다 보면 진짜 나는 없고 남이 정의해 주는 내가 있을 뿐이다.

들려오는 말을 조심해서 들어라. 진실은 대부분 눈에 보이지 귀로 들리지 않는다. 멀리서 들려오는 소식은 더욱 그렇다. 우리에게 순수하게 다다른 적이 거의 없다. 우리에게 오는 동안 전달하는 사람의 감정이 섞이기 때문이다.

어떤 때는 좋게, 어떤 때는 좋지 않게 색칠한다. 그러니 칭찬하는 소리는 신중하게 듣고 꾸짖는 소리는 조심히 귀를 기울여라. 전달하는 사람의 뜻에 주의해서 그보다 앞서 생각하려는 것이다. 현명하게 깊이 생각해서 과장과 거짓을 알아내라.

청소년기에는 인생에 도움이 되는 이야기를 해주려는 사람들이 많다. 부모님이나 인생 선배들이 '이렇게 살면 네 인생에 도움이 될 거야'라는 생각에 조언을 해준다.

때로는 따끔한 충고도 듣는다. 친구들에게도 많은 말을 듣는다. 관심과 사랑으로 해주는 말이라면 아프더라도 들어야 한다. 그리고 마음에 담아두고 자신을 변화시키는 데 활용하면 좋다.

아첨과 칭찬은 구별해야 한다. 아첨은 '남의 환심을 사거나 잘 보이려고 알랑거림'이라는 뜻이다. 칭찬은 '좋은 점이나 착하고 훌륭한 일을 높이 평가'한다는 뜻이다.

상대가 아첨하는지, 칭찬하는지 살펴서 받아들여야 할 말과 흘려 들어야 할 말을 선택해야 한다. 지나친 인정 욕구는 아첨을 구분하지 못하고 친구가 아닌 적을 곁에 두는 결과를 만들 수 있으니 조심하자.

자신을 규정짓는 이야기도 주의해서 들어야 한다. 나에게 영향을 주는 사람들이 "너는 이런 사람인 것 같아"라고 말해줄 때가 있다. 때론 다양한 검사에서도 "당신은 이런 사람입니다"라고 자신을 규정 짓는 이야기를 듣는다. 그런 말을 해주는 사람과 검사해 주는 기관이 영향력이 있으면 상대가 규정해 주는 내가 진짜 나라고 생각한다.

나라는 사람은 누군가 규정해 주는 것으로 알 수 없다. 《한때 소중했던 것들》을 쓴 이기주 작가의 말처럼 사람의 내면은 하나의 균질한 덩어리가 아니라 쉴 새 없이 생성과 소멸을 거치는, 복잡하면서도 말랑말랑한 조각으로 이루어 졌는지도 모르니까. 그러니 주의해서 들어라.

특히 자신을 규정해 주는 다양한 말을 숙고하며 들어야 한다. 다른 사람의 말로 정의될 수 없는 게 그대이니까. 그 대는 우주보다 넓고 심오한 존재이므로 함부로 규정해 줄 수 없다는 것을 기억하자.

뒷담화를
하지 마라

또래들과 주로 어떤 내용으로 대화하는가? 어떤 말에 더 고개를 쫑긋 세우게 되는가? 다른 친구의 좋은 점이나 본받을 이야기인가, 아니면 남의 잘못된 점이나 흉이 될 만한 것을 찾아내어 말하는 험담, 즉 뒷담화인가? 많은 사람이 뒷담화에 재미와 흥미를 느끼는 것 같다.

뒷담화는 함께 한 사람들의 귀와 마음속에서 잠들지 않는다. 불멸의 생명력으로 처음 생산된 말보다 더 부풀려져 뒷담화 당사자에게 쓰라린 상처를 만든다.

헐뜯는 말을 하지 마라. 그러면 남의 이름을 더럽힌다고 생각할 수 있다. 꾀를 내어 교묘하게 다른 사람을 희생양으로 만들어도 안 된다. 그건 몹시 얄밉고 구역질 나는 일이다.

올바른 길에서 벗어난 것에 즐거움을 느끼거나 관심을 가져서도 안 된다. 남을 헐뜯으면 결국 자신을 헐뜯는 말도 듣게 된다. 좋지 않은 일을 입에 올리는 사람은 더 좋지 못한 소리를 듣게 된다.

헐뜯는 말, 즉 뒷담화는 대부분 자기 마음에 들지 않는 사람을 향한다. 자기보다 더 많은 사랑을 받고, 실력이 뛰어나며, 인기가 있는 사람을 더 강한 말로 깎아내리는 것이다. 상대보다 우위에 서고 싶은데 뜻대로 되지 않으니 뒷담화로 깎아내리려는 것이다.

그러면 상대적으로 자신이 더 우위에 서고 주변 사람들에게 인정받을 수 있다고 여긴다. 상대와 관계 속에서 쌓였던 불만을 뒷담화로 푸는 경우도 많다.

뒷담화를 하다 보면 그 순간만큼은 기분이 좋다고 느낀다. "특별히 너에게만 이야기해 주는 건데"라며 다가오는 상대의 호의를 거절하지 못해 또는 그와 더 친밀한 관계를 맺고 싶어 그 말에 동조하고 맞장구를 치기도 한다. 함께 깔깔대거나 상대를 깎아내리며 즐거워한다.

뒷담화는 그것을 생산한 사람이나 그 대상이 되는 사람 모두의 영혼을 망친다. 뒷담화가 돌이킬 수 없는 수렁으로 빠질 때도 있으니 조심해야 한다. 《한때 소중했던 것들》에는 뒷담화와 관련된 아프리카 부족의 이야기가 실려 있다. 그 부족 마을 입구에는 욕(뒷담화)에 대한 규율이 있다.

"사람 앞에선 절대 욕을 해서는 안 된다. 정 하고 싶으면 욕 나무에 대고 해야 한다!"

상대에게 험담을 하고 싶을 때 마을에서 정해 놓은 나무에만 해야 한다. 욕을 들어도 괜찮을 만한 튼튼한 나무를 욕 나무로 선정해 놓은 것이다. 욕 나무 앞은 늘 사람들로 북적였고 튼튼했던 나무는 얼마 못 가 비쩍 말라 죽고 만다. 그래서 해마다 욕 나무를 새로 선정한다고 한다.

뒷담화를 일삼는 사람과는 거리를 두자. 언젠가는 내 약점도 그의 입술에서 뒷담화로 만들어질 테니까. "쟤는 욕 먹을 만해요"라는 말로 자신의 뒷담화를 포장하지도 말자. 내가 그 뒷담화 대상자가 될 수도 있으니까.

누군가에게 뒷담화를 들었다면 그 말에 무너지지도 말

자. 아무리 결점이 없는 사람일지라도 비난하고 시기하고 모함하는 사람이 있게 마련이니까. 뒷담화에 대한 가장 지혜로운 복수는 그 말에 무너지지 않고 내 삶을 꿋꿋이 살아내는 것이다.

과장한다고 메시지가
전달되지 않는다

아기가 걸음마를 떼거나 첫 행동에 성공하면 과도한 액션이나 몸짓으로 칭찬을 해준다. 그러면 아이들은 자신이 아주 대단한 일을 한 것처럼 생각하고 어깨를 으쓱한다.

다시 어려운 도전 상황이 되면 아이는 자신이 또 성공할 거라고 생각하고 도전하려 힘쓴다. 과장된 몸짓이나 칭찬으로 긍정적 효과를 얻는 것이다. 하지만 부정적 효과도 많기에 조심해야 한다.

무슨 일이든 과장하지 마라. 과장해서 진실을 포장하면 안 된다. 진실이 왜곡되기도 하지만 올바른 판단을 방해하기 때문이다.

사람들은 상대방의 호의를 얻으려고 과장해서 칭찬을 늘어놓는데, 그것을 진짜라고 믿다가 실체를 확인하면 크게 실망한다. 과장도 일종의 거짓말과 같으므로 조심해야 한다.

미국의 캘리포니아대학교와 애리조나대학교 연구진은 이틀 동안 143명이 한 말을 분석했다. 그 결과 스트레스를 많이 받는 사람이 그렇지 않은 사람보다 '굉장히', '정말', '엄청나게'같이 과장된 단어를 많이 사용했다고 밝혔다. 몸과 마음이 편안하지 않으면 감정을 강화하는 단어를 더 사용했다.

어떤 엄마가 버거운 집안일 때문에 스트레스를 받다가 일을 도와주지 않는 딸을 향해 이렇게 말했다.

"넌 왜 한 번도 날 도와주지 않니!"

하지만 딸은 시간이 날 때마다 엄마를 도왔다. 그런데도 엄마는 감정이 격앙되어 과도한 표현을 써서 딸의 도움을 끌어내려고 했다. 과장되게 이야기하면 딸이 도와줄 거라는 마음에서였다. 하지만 그 말을 들은 딸은 이내 마음이 상했다. 도와줘도 그것을 알아주지 않는 것에 서운한 마음도 들었을 것이다.

거짓말이 없는 것을 이야기하는 거라면, 과장은 있던

것을 부풀리거나 축소한다. 거짓말은 아니지만 진실을 왜곡하게 만들어 버린다. 과장 속에서 진실을 발견하면 그 말을 하는 사람은 신뢰를 잃고 만다. 거짓말과 같은 결과를 만들어 버린다. 그러니 말을 하기 전에 자기 마음과 감정을 추스르자. 마음과 감정이 안정되면 진심을 알아달라고 과장하지 않을 테니까.

가짜와 진실을 구분하려면 마음 상태와 그 말의 동기를 점검해야 한다. 나를 감추기 위해 또는 상대의 관심과 인정을 받기 위해 내 말이 과장되지는 않았는지 살피자. 칭찬은 고래도 춤추게 하지만 과도한 칭찬은 현실을 있는 그대로 바라보지 못하게 할 수도 있다. 자기 능력을 지나치게 믿게 해서 교만한 사람으로 만들 수도 있다.

'진짜, 솔직히, 인간적으로, 까놓고 말해서' 등은 한국 사람들이 가장 많이 하는 말이라고 한다. 진실을 이야기해도 믿어주지 않으니 답답해서 강조하는 말이다. 과장되게 강조한다고 해서 진실과 진심이 전달되는 것은 아니다. 진실

과 진심은 그럴듯한 말이 아니라 마음 깊은 곳에서 흘러나
오는 말이다.

지금의 내 말은 지금까지의 내 삶에서 나온다. 그러니
오늘 내 삶을 가꾸자. 마음을 가다듬자. 그럴 때 진심어린
말과 행동이 드러날 테니까.

오늘을 이기는
힘이 되는 말

이솝 우화에 해님과 바람이 나그네의 겉옷을 벗기는 내기를 하는 이야기가 있다. 결과는 우리가 아는 대로 해가 이겼다. 바람이 문제를 해결하려고 더 강한 힘으로 몰아쳤을 때 나그네는 옷을 더 붙들었다.

하지만 해님이 따뜻한 햇살을 부드럽게 내려보내자 나그네는 움츠렸던 어깨를 활짝 펴고 옷을 벗었다. 이 이야기가 주는 메시지는 밝음과 부드러움이 결국 문제를 해결할 수 있다는 것이다. 말도 이와 다르지 않다.

말은 부드럽게 하고 다정다감한 마음을 지녀라. 날이 시퍼런 칼이 상처를 내듯, 날이 선 말은 사람 마음에 상처를 남긴다. 좋은 말은 천 냥 빚을 갚고 갈등을 해결할 수 있다. 불가능한 일도 해낼 수 있다.

　입술에 꿀을 바른 듯이 달콤한 말을 해서 적들의 마음까지 누그러뜨려라. 상대방의 호감을 사는 가장 좋은 방법은 평화의 메신저가 된 듯 말하는 것이다.

따듯하고 달콤한 이야기를 해주면 그냥 흘러버릴 것 같아 강하게 이야기할 때가 있다. 정신을 바짝 차릴 정도로 뼈 때리는 말을 해주면 변화될 것 같아서이다.

그런데 내 의도와 달리 상대는 여전히 변하지 않는 경우를 본다. 강한 말이 오히려 반감을 일으켜 더 어깃장을 놓는 것이다. 뼈 때리는 강한 말은 두 사람의 사이만 더 벌어지게 만든다. 그 후에는 어떤 달콤한 말도 영향을 주기 힘들다.

말에는 중력의 기운이 있어 그 말대로 끌어당긴다. "안색이 안 좋은데 너 어디 아파?"라는 말을 들으면 '진짜 어디 아픈 게 아닌가?'라고 생각하게 된다. "얼굴이 환한데 무슨 좋은 일 있는 거 아니야?"라는 말을 들으면 기분 좋은 일이 있었는지 생각하며 덩달아 기분까지 좋아진다.

말에 두려운 기운을 불어넣으면 무거운 분위기가 엄습한다. 부모님이나 선생님께서 두려운 기운으로 이야기할 때를 생각해 보자. 어떤 마음이 들었는가? 반대로 재미있는 말을 하면 무겁게 가라앉은 분위기도 일순간에 바뀐다. 미소 짓거나 웃는 사람들이 모인다. 말의 기운에 따라 기분이 달라지는 것이다.

격려와 용기를 불어넣는 말은 도전을 불러일으키고, 꿈이 담긴 말은 가능성이라는 희망의 꽃을 피운다. 진심을 담은 따뜻한 말 한마디가 세상과 사람과 분위기를 바꾼다. 그러니 평화의 메신저처럼 말하려고 해보자.

상대방을 향한 따뜻한 말도 필요하지만 자신에게도 따뜻한 말을 해주자. 강하게 다그친다고 해서 마음이 바뀌는 건 아니니까. 삶이 지치고, 힘들고, 짜증 날 때 자신을 다그치기보다 진심 어린 마음으로 다독여 주자.

용기를 북돋아 주는 칭찬, '그럴 수도 있지'라는 너그럽고 따뜻한 마음으로 위로해 주자. "죽겠다"가 아니라 "살겠다"라고 말해 보자. 선한 기운의 말을 넣어야 선한 것이 나오니까. 용기를 북돋아 주는 따뜻한 말 한마디가 오늘을 이기는 힘이 되는 거니까.

깊이에서
가치 있는 말이 나온다

겉으로 보이는 것에 주목하는 세상이 되었다. 인터넷, SNS 등 소통의 통로는 보이는 것에 관심을 갖게 한다. 겉은 화려한 옷과 화장, 성형으로 결점을 가리거나 더 아름답게 꾸밀 수 있다.

그러나 내면은 쉽게 가려지지 않는다. 그 사람의 몸짓이나 언어로 나타나기 때문이다. 한 사람의 지성, 감성, 가치관, 마음은 몇 마디 나누다 보면 드러나게 마련이다.

생각이 깊고 처음부터 끝까지 철저한 사람이 돼라. 그러면 어떤 일이든 책임감 있게 끝마칠 수 있다. 겉치레보다 내면에 더 신경을 써라.

주변에 짓다 만 집을 보면 겉모습은 화려하지만 거실은 헛간 같다. 겉모양에만 신경 쓰기 때문이다. 그런 사람들과는 사귀지 않는 게 좋다. 그들은 웃는 얼굴로 시끌벅적 허세를 부리지만 결국 침묵 속으로 돌아간다. 깊은 생각이 없는 말은 근원이 없는 곳에서 흘러나온 물처럼 이내 말라붙고 만다.

한 사람의 지성, 감성, 가치관, 마음은 그것을 볼 수 있는 깊이가 없다면 아무것도 느낄 수 없다. 보이지 않는 것을 보려면 깊이가 있어야 가능하다. 그 깊이 속에서 꼭 필요한 언어가 흘러나오기 때문이다.

사과를 할 때도 상대방이 받아들일 수 있는 표현을 알아야 한다. 자란 환경이나 성격에 따라 원하는 사과가 다를 수 있기 때문이다. 게리 채프먼의 《5가지 사과의 언어》에 나온 사과의 언어를 배워 사용하는 것도 좋다.

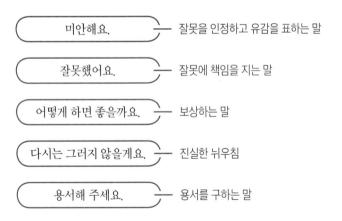

미안해요. ── 잘못을 인정하고 유감을 표하는 말

잘못했어요. ── 잘못에 책임을 지는 말

어떻게 하면 좋을까요. ── 보상하는 말

다시는 그러지 않을게요. ── 진실한 뉘우침

용서해 주세요. ── 용서를 구하는 말

많은 청소년이 깊이 있는 대화에 어려움을 느낀다. 친구와 연예인 이야기는 시간 가는 줄 모르고 한다. 하지만 어떻게 살아야 하는지, 인생이 무엇인지, 무엇을 위해 살아가야 하는지, 삶의 진지한 이야기는 하기 힘들어한다. 때론 시도조차 하지 않는다.

일상 이야기는 가능하지만 진지한 이야기는 어렵다면 깊이 있는 대화를 할 수 있도록 자신을 채우자. 얕음에서 벗어나 깊이를 더하는 공부가 교양Liberal Arts이다.

교양은 단편적인 지식이 아니라 본질을 파악해서 이해한 폭넓은 지식을 의미한다. 흩어져 있는 것들을 모아서 종합하는 능력이다. 깊이를 추구하는 공부이다. 생각의 깊이, 마음의 깊이, 인생이라는 깊이가 있어야 자신의 가치를 높이는 말을 할 수 있다.

친구들과 어울려 떠드는 시간보다 혼자 있는 시간도 가져보자. 친구들과 휩쓸리다 보면 집중하기 어렵다. 깊이 있는 대화보다는 사소한 이야기로 시간을 보낼 때가 많다. 혼자 있을 때 자신에게, 그리고 관심을 갖고 있는 것에 더 집중할 수 있다. 마음과 생각의 근육은 혼자 있는 시간에 오롯이 집중할 때 깊어진다. 그 깊이에서 가치 있는 말이 탄생한다.

말이 곧 삶이자
방향이다

거대한 배의 방향을 바꾸는 것은 작은 키이다. 배의 큰 구조에 비하면 아주 작은 부분이지만 그 영향은 엄청나다. 키가 없이는 원하는 방향으로 갈 수 없으니까.

혀는 우리 몸에서 작은 일부분을 차지하지만, 혀를 어떻게 움직이느냐에 따라 삶의 방향이 달라진다. 말에 따라 희망을 갖거나 위로를 받기도 하고 절망과 상처, 아픔 속에서 살아가기도 한다.

어리석은 사람은 상대의 마음을 헤아리지 않고 함부로 말을 내뱉는다. 가벼운 말은 비난의 화살을 부르고, 자신을 응원할 사람마저 잃게 한다. 지혜로운 사람은 절대 가볍게 말하지 않는다.

　깊은 바다에서 신중히 노를 젓는 것처럼 안전한 발판에 발을 얹어놓을 때까지는 최대한 융통성이 있어야 한다. 사람 얼굴이 각기 다르듯이 생각도 다르므로 말을 조심해야 한다. 가볍게 말하면 실수하기 마련이다.

혀는 모든 것을 다 태울 수 있는 불씨가 되기도 하고, 생명을 살리는 생명수가 되기도 한다. 말에는 창조하는 능력이 있어서 내뱉는 말에 따라 열매가 맺는다. 오늘 하는 말의 수준이 삶의 수준을 결정한다. 그러니 가볍게 말하지 말고 신중하게 말하자.

삼사일언三思─言이라는 말이 있다. 한마디 말을 하기 전에 세 번 생각하라는 뜻이다. 소크라테스와 관련된 에피소드를 보면 이해가 갈 것이다.

어느 날 한 친구가 소크라테스를 찾아와 다급하게 소리쳤다.

"이보게 소크라테스, 이럴 수가 있나? 방금 내가 밖에서 무슨 말을 들었는지 아는가. 아마 자네도 이 이야기를 들으면 깜짝 놀랄 거야. 그게 말이지…."

소크라테스는 상대의 말을 급하게 가로막았다.

"말하지 말고 잠깐만 기다리게. 자네가 지금 전하려는 급한 소식을 체로 세 번 걸렀는가?"

친구는 소크라테스의 말을 이해하지 못하고 되물었다.

"체로 세 번 걸렀다는 게 무슨 말인가?"

"첫 번째 체는 진실이네. 지금 말하는 내용이 사실이라고 확신할 수 있나?"

"아니네. 그냥 거리에서 들은 이야기라네."

"그럼 두 번째 체로 걸러야겠군. 자네가 말하는 내용이 사실이 아니더라도 최소한 선의에서 나온 말인가?"

"그 말에도 뭐라고 대답할 수 없다네."

"세 번째 체로 걸러야겠군. 자네를 그렇게 흥분하게 만든 소식이 아주 중요한 내용인가?"

"…"

"자네가 나에게 전하려는 소식은 사실도 아니고, 선의에서 비롯한 것도 아니고, 중요한 내용도 아니라면 나에게 굳이 말할 필요가 없네. 그런 말은 우리 마음만 어지럽힐 뿐이네."

소크라테스가 말을 대하는 태도를 보면 그가 웅변술과 대화법에 능했던 이유를 알 수 있다.

말은 곧 삶이자 방향이다. 그러니 급하게, 빨리 말하기보다 유언하는 것처럼 신중하게 생각하고 말하자. 가볍게 툭툭 던지듯이 말하지 말고, 두세 번 거른 후 말하자. 깊이 생각한 신중한 말들이 쌓일 때 대화도 삶도 깊어질 테니까.

5장 공부

나로 살게 하는
배움의 기술

자신의 강점과
재능을 파악하라

어린 시절에는 자신에게 어떤 재능이 있는지 스스로 알기가 어렵다. 재능을 발견할 다양한 시도와 경험이 부족하기 때문이다. 그래서 부모가 재능을 파악해 주는 경우가 많다.

다행히 부모가 아이의 재능을 발견해서 키워준다면 좋겠지만, 아이의 재능보다는 부모 욕심에 따라 아이를 키우게 되면 문제가 생길 수 있다. 부모 욕심에 따라 살다 보면 언젠가는 '이것은 내가 잘하는 일이 아니야' 또는 '내가 원하는 것은 이게 아니야'라고 후회하는 순간이 올 수 있다.

자기가 무엇을 가장 잘할 수 있는지 먼저 파악하라. 자기가 무엇에 재능이 있는지 알았다면, 그것을 개발하는 데 최선을 다하라. 누구나 재능이 있으니 미리 알면 최고가 될 수 있다.

　누구는 판단력이 뛰어나고, 어떤 사람은 호기심이 강하다. 하지만 사람들은 대부분 자기 강점이 무엇인지 알지 못해 그저 평범하게 살다 죽는다.

청소년기에 자기 강점과 재능을 발견해서 준비하는 것이 인생의 좋은 그림일 수 있다. 그러면 공부할 동기와 재능의 발전을 위해 노력을 집중할 수 있으니까. 진로도 명확하게 설정할 수 있다. 자기 소질에 따라 직업을 선택하면 탁월해질 수 있어 효과적이다.

하지만 자기 강점과 재능을 미리 파악하고 살아가는 사람이 많지 않다. 수학 공식처럼 명확한 답이 아니기 때문에 쉽게 발견하기가 어렵다. 내면에 숨겨진 보석을 평생 발견하지 못하고 살아가는 사람도 많다. 누군가는 "어떻게 내가 좋아하는 일, 잘하는 일만 하며 살 수 있냐?"라며 어쩔 수 없는 일을 하면서 살아가기도 한다.

어른이 되기 전에 자신의 강점과 재능을 파악하는 것이 가장 이상적이다. 하지만 그걸 찾지 못했다고 해서 실망할 필요는 없다. 어른이 되기 전에 준비해야 할 것들을 하나씩 훈련하면 되니까.

'나중에 내 소질이 발견되었을 때 잘하도록 융통성 있게 준비해야지'라는 의지가 필요하다. 그때그때의 사정과 형편을 보아 일을 처리하는 재주 또는 일의 형편에 따라 적절하게 처리하는 재주 말이다.

'융통성'은 인공지능시대에 갖추어야 할 좋은 자세이다. 과학기술의 발달로 5년, 10년, 20년 뒤를 예측하기 어려워졌다. 자기 소질이 미래에도 유용할지 예측하기가 어렵기도 하다. 그래서 사정과 형편에 따라 이것도 해보고, 저것도 해보겠다는 마음이 필요한 것이다.

융통성의 마음으로 오늘을 밀도 있게 살아간다면 내 소질이 조금씩 개발되고 만들어질 수도 있으니까. 조금 늦게 소질을 발견해도 넉넉히 해내고 탁월해질 수 있으니까.

설령 소질이 발견되지 않았더라도 이것도 저것도 하다 보면 자신이 사랑하고 즐길 수 있는 것을 만나게 된다. 그 과정에서 자기 능력과 재능을 마음껏 뽐어낼 일이 만들어진다는 것도 기억하자.

표현하는 방법을
배워라

많이 배우는 것은 좋은 일이다. 열심히 외우고 문제를 푸는 것도 필요하다. 쉬는 시간을 쪼개서 책을 읽는 것도 소중한 일이다.

하지만 한 가지 기억해야 할 것이 있다. 일방적인 수용에 초점을 맞추지 않아야 한다는 것이다. 받아들이기만 하면 내 것이 되었는지 안 되었는지 알 수 없기 때문이다. 머릿속에, 마음 안에 쌓이기만 하니까.

표현하는 방법을 배워라. 표현하는 기술은 생각을 분명하고 또렷하게 전달하는 것이다. 어떤 사람은 많은 지식을 쌓아놓고도 표현하지 못한다. 어떤 사람은 자기가 생각한 것보다 더 많이 표현한다. 명확하게 표현하면 찬사를 받는다. 두서없이 말하면 아무도 그 말을 이해하지 못한다.

선생님이 수업시간에 배운 내용을 물을 때 어떻게 대답하는가? 명쾌하게 아는 것을 대답하는가? 아니면, "선생님, 알고 있기는 한데 설명을 잘 못하겠어요"라고 하는가? 설명할 수 없다는 것은 모르는 것과 같다. 알았다면 설명할 수 있어야 하니까.

많은 학생이 배운 것과 아는 것을 착각한다. 배운 것을 아는 것으로 오해하는 것이다. "선생님, 저 시험공부 정말 열심히 했는데 답을 적지 못했어요"와 같다. 뭔가를 알았다면 설명할 수 있어야 한다.

알고 있기는 한데 설명하기가 어렵다면 "선생님, 이 정도는 이해가 가는데 이 부분에서 무슨 뜻인지 이해하기 어려워서 설명하기 힘들어요. 이 부분을 다시 설명해 주시겠어요?"라는 말이 나와야 한다.

뭔가를 배우고 공부한다면 항상 잘 표현하려고 노력하자. 표현한 만큼이 내 실력이 되는 거니까. 그래서 표현하는 법을 배우고 훈련해야 한다. 노래를 배웠다면 호흡과 발

178

성, 감정 전달까지 잘 표현하도록 훈련해야 한다. 글쓰기를 배운다면 자기 생각과 감정, 지식과 정보를 효과적으로 표현하는 것까지 익혀야 한다.

실수하고 실패해도 시도하고 도전하며 효과적인 표현 방법을 익히자. 표현할 때 내 것이 되고 현재 수준도 알 수 있게 되니까. 제대로 이해하고 알아야 효과적으로 표현이 가능하니까.

지식뿐만 아니라 생각과 마음도 표현하며 살자. 후회하게 될까 봐, 속상할까 봐, 마음 아플까 봐 울지 않고, 말하지 않고, 화내지 않으면 더 많이 아프고 더 후회하게 되니까. 속상한 감정을 마음속으로만 삭이지 말고 속상한 만큼 표현하자. 표현한 만큼 치유되고 단단해질 테니까.

다만, 절제된 언어로 예의는 지키며 표현하자. 내 표현이 독화살이 돼서 상대 심장으로 향하면 안 되니까.

제대로 보는
안목을 키워라

　우리는 하루에도 수많은 것을 보며 살아간다. 교과서와 참고서를 보고 학원 교재를 본다. 책도 보고 유튜브 영상 등으로 부족한 지식과 정보를 보충한다. 그런데 우리가 접한 지식과 정보가 가짜인 경우가 많다.

　진짜와 가짜를 구별하는 안목이 없으면 배운 것이 헛될 수 있다. 진짜 지식과 정보를 만나도 제대로 보지 못하면 알맹이를 놓치게 된다. 그래서 제대로 보아야 한다.

제대로 보는 안목을 길러라. 똑같이 배우고 똑같이 공부해도 바라보는 눈은 각기 다르다. 주위를 둘러보면 사람들마다 개성이 다르듯이 어떤 현상을 두고도 제각각 해석한다.

　어떤 사람은 세상을 보는 눈이 부족해서 집안을 망친다. 삶을 이해하려는 의지가 없는 사람에게 이해시키기도 어렵지만, 이해하지 못하는 사람에게 의지를 갖게 하기는 더 어렵다.

세계적인 바이올리니스트 조슈아 벨은 2007년 1월 〈워싱턴 포스트〉와 사회적 실험을 진행했다. 천재, 신동이라는 찬사를 받는 그가 평범한 옷에 평범한 모자를 쓰고 워싱턴DC 지하철역에서 연주를 했다. 그 연주를 몇 명이나 알아볼지 확인하는 실험이었다.

　　벨은 350만 달러짜리 스트라디바리우스 바이올린으로 43분 동안 클래식 음악을 6곡 연주했다. 이때 1,097명이 지나갔지만 그의 연주를 들으려고 멈춰 선 사람은 7명뿐이었다. 그중 1명이 조슈아 벨을 알아봤다.

　　벨은 행인 27명에게 관람료를 32달러 받았다. 불과 3일 전 보스턴의 심포니홀에서 연주했는데 좌석 가격은 100달러였다. 같은 사람, 같은 바이올린, 같은 음악이었는데 그를 알아본 사람은 단 1명이었다.

　　당시 지나간 사람들이 클래식에 관심이 없었을 수도 있다. 하지만 겉모습이 아니라 연주 자체에 조금만 관심을 갖고 집중했다면 진가를 알아봤을 것이다. 그의 연주 수준은

3일 전 심포니홀에서 했던 그대로였으니 말이다.

이 실험은 우리가 겉모습만으로 판단한다는 교훈을 준다. 자신의 이념, 주장, 논리, 생각에 따라 보고 듣는 것을 스스로 판단하는 경우도 많다. 왜곡하는 일도 자주 있다. 사실을 사실로 보지 못하는 것이다. 사실을 볼 눈이 없다면, 진짜와 가짜도 구분하기 어렵다. 겉으로 드러난 너머의 것도 볼 수 없다.

잘 보려면 잘 보는 눈이 필요하다. 보는 눈을 달리하면 보이는 것이 달라진다. 사람 몸에는 다섯 가지 눈이 있다.

보는 눈은 저절로 형성되지 않는다. 지금 보고 있는 것, 보고 싶은 것에 대한 관심과 호기심이 있어야 생성된다. 더 깊이, 더 자세히 보려는 자세, 보이지 않는 것까지 보고 말겠다는 적극적인 태도가 보는 눈을 달리하게 만든다.

평소 어떤 눈을 활용해서 보는가? 어떤 눈으로 보느냐에 따라 보이는 것이 달라진다는 사실을 기억하자. 어른이 되기 전에 보는 눈을 달리하는 훈련을 하자. 그러면 남들이 보지 못하는 것까지 볼 수 있다. 그렇게 본 것을 말로 글로 표현할 때 깊이 있는 사람, 실력 있는 사람이라고 고개를 끄덕일 테니까.

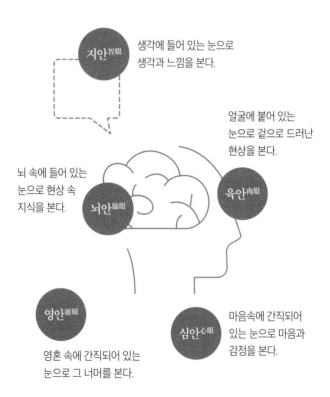

지안智眼
생각에 들어 있는 눈으로 생각과 느낌을 본다.

육안肉眼
얼굴에 붙어 있는 눈으로 겉으로 드러난 현상을 본다.

뇌안腦眼
뇌 속에 들어 있는 눈으로 현상 속 지식을 본다.

영안靈眼
영혼 속에 간직되어 있는 눈으로 그 너머를 본다.

심안心眼
마음속에 간직되어 있는 눈으로 마음과 감정을 본다.

스스로 생각하는 힘을
길러라

스마트폰이 없으면 할 수 있는 게 별로 없는 세상이다. 스마트폰으로 은행 업무는 물론 냉난방, 밥까지 해결한다. 수행평가나 인터넷강좌도 스마트폰으로 해결하는 경우가 많다.

청소년들 또한 스마트폰 없이 미래를 살아간다는 것은 상상하기 어렵다. 하지만 청소년기에는 스마트폰을 잠시 내려놓는 지혜가 필요하다. 스스로 생각하는 힘을 기르는 훈련을 해야 하기 때문이다.

정확한 지식을 갖춘 사람이 돼라. 분별력 있는 사람은 책을 읽어서 깊이를 다진다. 지적인 사람은 대부분 평범한 방법이 아니라 비범한 방법을 쓴다. 때로는 무겁고 교훈을 주는 격언보다는 재치 넘치는 유머가 더 쓸모 있고 도움이 될 수 있다.

현명한 사람은 적절한 때 쓰려고 재치와 지혜를 쌓아둔다. 책에서는 학교에서 가르치는 학문보다 훨씬 더 큰 지혜를 발견할 수 있다.

챗봇이 등장하면서 스스로 생각하지 않는 시대가 되었다고 전문가들은 우려한다. 스스로 생각하지 않아도 챗봇이 많은 문제를 해결해 주기 때문이다. 더 진화된 챗봇이 나오면 이런 문제는 더욱 심화될 것이다. 그래서 독서로 생각하는 힘을 길러야 한다. 생각하는 힘을 기르는 데 독서만큼 효과적인 도구는 없으니까.

독서를 할 때 몇 가지 주의해야 할 사항이 있다.

첫째, 취미로 읽지 말자. 독서로 의미 있는 결과를 만들고 싶다면 취미 이상의 목표가 있어야 한다. 취미의 목적은 즐거움이고 재미이다. 좋아하고 재미있는 책만 읽다 보면 그 수준에서 벗어나지 못한다. 그러니 자신을 성장시킬 수 있는 책을 읽자.

탐구하고, 연구하고, 학습하겠다는 자세로 읽으면 좋다. 독서 습관이 잡혀 있지 않다면 즐겁게 읽을 수 있는 책으로 시작해야 하지만 반드시 취미를 뛰어넘는 목표가 있어야 독서로 삶을 변화시킬 수 있다.

둘째, 써먹는 독서가 되도록 하자. 지식의 목적은 수용에 있지 않고 활용에 있다. 활용하고 창조하는 이들이 삶에 변화를 일으킬 수 있다. 활용할 수 있어야 세상의 모든 지식이 비로소 내 것이 되는 거니까.

셋째, 독서 과정에서 스스로 생각하는 힘을 기르자. 스스로 생각하지 않는다면 챗GPT나 남에게 묻고 의지하게 된다. 스스로 생각하지 않는 삶은 어제와 똑같다는 사실을 기억하자.

넷째, 독서로 깨닫고 얻은 것을 글로 쓰자. 쓰지 않으면 생각과 마음을 전달할 수 없으니까. 내 생각과 논리를 글로 써서 알려주어야 내 가치를 인정받을 수 있으니까.

이 네 가지 이외에서도 방법을 찾아 스스로 생각하는 훈련을 하자. 스스로 생각하며 사는 사람이 진짜 어른이다.

탁월해지려면
섬세하게 연마하라

재능을 타고난 사람들이 있다. 별 노력 없이도 그 분야에서 탁월한 능력을 뽐내는 사람들, 천재다. 천재를 SNS에서나 볼 수 있는 존재라면 그러려니 하며 사는데, 가까이에 있다면 자신이 보잘것없는 존재라며 코를 빠뜨리기 쉽다.

하지만 이는 천재라 불리는 사람들이 이루어 놓은 결과만 보고 재능을 부러워하는 것이다. 어떤 천재도 타고난 재능만으로 인정받은 경우는 없다.

뛰어난 재능도 계속 갈고닦아야 쓸모가 있다. 아름다움도 가꾸어야 한다. 삶의 태도도 섬세하게 가꾸어야 한다. 처음부터 완벽한 것은 거의 없다. 기술적으로 다듬어야 뛰어날 수 있다.

아무리 재능을 타고났어도 갈고닦지 않으면 평범해진다. 탁월해지고 싶다면 섬세하게 갈고닦아야 한다.

어린아이는 걸음마부터 시작한다. 걸음마가 익숙해지면 걸을 수 있고, 시간이 지나면 뛸 수 있다. 그런데 요즘 시대는 원하는 일을 이루려고 할 때 안타깝게 걷기도 전에 뛰기를 원한다. 귀찮고 힘든 단계는 생략하고 원하는 결과를 얻고 싶은 욕구가 강하기 때문이다.

노력도 하지 않으면서 뭔가를 얻고 싶다고 생각한다면 그 생각의 싹을 잘라야 한다. 이런 생각에 익숙해지면 내 수고와 노력보다 더 큰 것을 바라게 된다.

원하는 것이 이루어지지 않으면 수단과 방법을 가리지 않을 수 있다. 좋지 않은 내용으로 뉴스에 등장하는 많은 사람이 이에 해당한다. 스스로 연마해서 얻은 것이 아니면 쉽게 무너지고 오래갈 수 없다. 자기 학습으로 배우고 익혀야 탁월해질 수 있다.

자신이 바라는 능력이 있다면 시작부터 제대로 하자. "그냥 하다 보면 언젠가는 되겠죠"라는 말은 버리자. 무조건 열심히 하는 것은 의미가 없다. 한 분야에서 인정받으려면 그냥 해서는 안 된다.

밤잠을 설치며 노력해도 생각처럼 되지 않는 경우가 많다. 그러니 자신이 도달할 목표를 명확하게 설정하자. 섬세하게 연마할 수 있는 분명한 원칙도 세우자. 그것이 삶의 습관이 되도록 지속하자. 그렇게 섬세하게 지속적으로 연마하면 나도 알지 못하는 사이에 탁월함이 드러나게 될 테니까.

자신이 바라는 것을 섬세하게 연마할 때 행복도 찾아온다. 스탠퍼드대학교 청소년연구소 센터장인 윌리엄 데이먼 교수는 청소년들이 진로를 결정하지 못하고 우울증, 자살 등으로 힘들어하는 원인을 연구했다.

그는 '목적'이 있어야 행복한 삶을 살 수 있다고 조언한다. "진정한 행복은 사람들로 하여금 몰입하게 만들고, 도전하게 만들고, 빠져들게 만드는 흥미로운 것들과 관련이 있다." 행복은 우연히 찾아오는 것이 아니라 목적을 갖고 탁월해지려고 섬세하게 연마하는 과정에서 찾아온다.

재능, 성품, 태도, 삶에서 중요한 것들은 섬세하게 가다듬는 시간이 필요하다는 것을 알자. 청소년기에 발견한 원석을 얼마나 세밀하게 가다듬고 연마하느냐에 따라 빛나는 보석이 될지 영원히 가능성으로 남을지 결정되니까.

배울 점이 있는 사람을
사귀어라

공자孔子는 "세 사람이 같이 길을 걸어가면 그중에 반드시 스승이 될 만한 사람이 있다"라고 했다. 스승은 자기를 가르쳐서 인도하는 사람이다. 좋은 쪽으로. 우리가 만나는 사람을 생각해 보자. 스승이 될 만한 사람이 있는가? 아니면 내가 스승이 되고 있는가?

배울 점이 있는 사람과 교제하는 것은 매우 중요하다. 하지만 있는 그대로 수용하는 것은 자기 것이 아니다. 배울 점이 있다면 자신에게 맞게 고쳐서 적용해야 한다.

배울 점이 있는 사람과 사귀어라. 만나고 헤어지는 과정이 배우는 터전이다. 친구들과 이야기할 때는 즐거움과 배우려는 자세를 균형 있게 갖추어라. 지혜로운 사람은 항상 배우려고 힘쓴다.

　다른 사람을 자신에게 이끄는 것은 관심사가 비슷할 때이다. 하지만 지혜로운 사람은 화려한 궁전보다 배울 점이 있는 지혜로 가득한 사람의 집을 자주 찾는다. 그곳에는 훌륭하고 고귀한 지혜가 넘쳐나기 때문이다.

주변에 스승이 될 만한 사람이 없다면 관계를 정리해야 한다. 친구들을 좋은 쪽으로 가르쳐서 인도할 수 없다면 말이다. 사람은 본 대로, 들은 대로 모방하려는 습성이 있기 때문이다. 주변 사람에게서 좋지 않은 것만 배운다면 내 삶의 방향을 미리 짐작해 볼 수 있지 않겠는가.

배우는 과정에서 공간의 중요성도 놓칠 수 없다. 지혜로운 사람은 배울 점이 있는 곳에 자주 찾아가기 때문이다. 그래서 나를 가르쳐서 인도하는 공간이 어디인지를 아는 것이 중요하다. 사람은 머무는 공간의 영향을 받으니까.

내가 머무는 공간이 달라지면 만나는 사람이 달라지고, 만나는 사람이 달라지면 듣는 언어가 달라지고, 듣는 언어가 달라지면 생각하는 수준이 달라진다. 생각이 달라지면 삶의 방향도 달라지게 마련이다. 배우는 수준이, 시각이 달라지는 것이다.

그러니 자주 머무는 공간을 점검해야 한다. 그곳에서 무엇을 듣고 무엇을 배우는가? 누구를 만나는가? 어떤 공간을 찾아가면 성장할 수 있다고 생각하는가? 이것을 아는 것이 인생에 좋은 것을 배우는 기회의 장이 된다.

우리는 인생을 살면서 배워야 할 모든 것을 유치원에서 다 배웠다. 문제는 배운 대로 살지 않는다는 것이다. "감사합니다", "미안합니다", "사랑합니다"라는 말을 유치원 때는 배운 대로 잘 사용했는데 이상하게도 나이가 먹을수록 잘하지 않는다. 마음에 좋지 않은 것들이 좋은 것들보다 더 많이 쌓여서 그렇다.

그래서 더욱 배울 점이 있는 사람과 교제하고, 배울 점이 있는 곳으로 찾아가야 한다. 배운 대로 나는 더 성장하고 성숙한 어른으로 바뀔 테니까.

시대에 맞는
감을 익혀라

세상의 변화가 너무 빠르다. 오늘 나온 최첨단기술 제품이 내일이면 구식이 되는 시대다. 어제 배운 지식이 오늘은 쓸모없게 되는 경우도 있다.

모든 것이 빠르게 변화하는 시대에 변화를 무작정 따라가는 것도 문제지만, 변화의 흐름을 읽지 못하는 것도 바람직하지 않다. 과연 이런 시대에 어떻게 준비하는 것이 지혜로운 선택일까?

시대를 거스르지 말고 흐름을 따르라. 지식도 유행을 따르는 법이다. 유행을 모르는 것은 자신이 아는 게 없음을 뽐내는 깃이나 다름없다. 낡은 사고방식을 버리고 새로운 사고방식을 받아들여라. 새로운 사고방식은 언제 어디서나 더 큰 설득력을 얻는다.

가장 현대적인 사고방식을 따르고, 이를 더 높은 경지로 끌어올리려 노력하라. 현명한 사람은 오래된 것이 더 좋아 보여도 당시 유행하는 것을 순순히 따른다.

그라시안은 과거의 것 가운데 바꾸어야 할 것과 바꾸지 말아야 할 것을 구분하라고 조언한다. 시대에 맞춰 살아가려면 두 가지를 구분하는 지혜가 필요하다. 세월이 흘러도 영원불변하는 가치는 바꾸면 안 되기 때문이다.

반면 바꾸어야 할 것이 있다. 지식이나 사고방식, 취향 같은 것들이다. 이것들은 시대의 흐름이나 과학기술의 발달에 따라 기준이 달라진다. 어제는 완벽했던 것들을 오늘이 되면 새로운 기준으로 바라보고 적용해야 한다. 현대적인 감각으로 오늘을 바라보고 또는 다가올 시대를 예측해서 적용하는 지혜가 필요하다.

시대를 읽고 그에 걸맞은 삶의 자세를 갖추려면 '느낌'이라고도 하는 '감感'을 익혀야 한다. 그 상황에 무엇이 필요한지 직감적으로 알아차리는 '삶의 안테나' 같은 것이다.

느낌으로 메시지를 알아채 소통하고, 트렌드를 읽어내고, 내면의 영감으로 창조적인 산물을 생산해 낸 사람을 "감이 좋다"고 말하지 않는가. 감은 그 상황과 시대에 걸맞은 것을 직감적으로 찾아내는 능력이다.

감은 훈련하면 얼마든지 향상할 수 있는 영역이다. 어제와 다른 낯선 것들을 마주할 때 그냥 지나치면 감을 향상할 수 없다. 바로 멈춰 서서 그 원인을 밝히고 당시 느낌이 무엇인지 집중할 때 감은 향상된다.

내면에서 울리는 미세한 소리도 무시하지 않고 집중할 때 삶의 방향을 바꾸는 계기를 마련할 수 있다. 촉의 안테나를 세워서 시대가 무엇을 요구하는지, 무엇이 필요할지 바라볼 수 있어야 한다.

한 분야에 집중할 때도 감을 찾을 수 있다. 피아니스트 조성진은 세계 최고 권위의 쇼팽콩쿠르에서 한국인 최초로 우승했다. 그는 우승 후 인터뷰에서 이런 말을 했다. "출전을 결심한 뒤 아홉 달 동안 쇼팽만 연주하고 쇼팽처럼 살았습니다." 쇼팽처럼 살았더니 "연주는 손이 저절로 했다"라고 고백했다.

스치는 바람에도, 지나치는 인연에도, 새로운 기술에

도, 내 인생의 길목에서 스쳐 가는 모든 것에 '느낌'이라는 '안테나'를 세우자. 그러면 남들이 느끼지 못하는 것을 알아채고 배울 수 있을 테니까.

핵심을 알아야
창조할 수 있다

스마트폰과 인터넷의 발달로 다른 사람의 생활을 실시간으로 볼 수 있게 되었다. 그러다 보니 닮고 싶고 좋아하는 사람을 따라 하는 경향이 짙어졌다. 겉모습뿐만 아니라 생각도 비슷해지려고 한다.

하지만 미래 자신의 경쟁력은 남을 따라 하는 데 있지 않다. 누구를 따라 하는 것이 아니라 자신만의 길을 개척해야 경쟁력 있는 삶을 살아갈 수 있다.

많은 사람이 선택의 순간에 쓸데없는 생각에 빠져 핵심을 놓친다. 무엇이 중요한지 찾지 못해 주변 사람들을 지치게 하고 자기 자신도 힘들어한다. 사고 능력이 체계화되지 못해서 그렇다. 이렇게 되면 본질에 다다르지 못하고 핵심은 끝내 알 수 없다.

어른이 되면 스스로 먹고사는 문제를 해결해야 한다. 취업이나 창업 둘 중 하나를 선택해서 먹고사는 문제를 직접 챙겨야 한다. 공무원, 대기업, 공기업, 중소기업의 일자리를 찾는다면 취업이고, 유튜브나 카페, 음식점, IT를 기반으로 하는 회사를 차리려고 마음먹었다면 창업이다.

취업이든 창업이든 들어가는 문은 매우 좁다. 그 안으로 들어가도 살아남기가 어려운 것이 현실이다. 이제는 사람뿐만 아니라 인공지능과도 경쟁해야 한다.

무한경쟁시대에 자기 경쟁력은 생산자가 되는 것에 있다. 누군가의 지식이나 지적 아이디어, 행동을 따라 하는 것이 아니라 창조해 내야 한다. 창조하려면 본질을 이해하고 핵심을 파악할 수 있어야 한다. 그것을 토대로 다른 것을 생각하고 새로운 것에 도전해야 한다.

애플은 인문학과 기술의 교차 지점에서 기술을 개발해 세계를 주도하고 있다. 애플의 창업자 스티브 잡스는 애플 슬로건을 '다르게 생각하라Think different'로 정했다. 기존 기업과 다르게 생각해야 혁신적인 제품을 만들 수 있다고 생각한 것이다. 그 힘이 지금의 애플을 있게 했다.

유대인은 창의적인 분야에 두각을 나타내며 세계를 주도하고 있다. 어떤 요인이 유대인을 창의성에서 앞서가도록 했을까? 해답은 유대인의 교육법에 있다. 유대인 공부법의 핵심 중 하나는 '마타호쉐프'이다. "네 생각은 뭐니?", "너는 어떻게 생각해?"라는 뜻이다.

유대 어린이들은 끊임없이 "네 생각은 뭐니?"라는 질문을 들으며 자란다. 책을 읽어도 책 내용을 있는 그대로 받아들이지 않고 '자기 생각을 만들기 위해' 읽는다. 질문하고 대화하고 토론하며 자기 생각을 정립한다. 그 생각으로 취업과 창업의 현장으로 나간다.

누군가의 행동이나 지식은 인공지능에게 물으면 대답해 주는 시대가 되었다. 한 걸음 더 나아가 그것을 토대로 연결 짓고 융합해 주는 챗봇도 세상에 나왔다. 그 누군가의 것을 따라 해서는 희망을 이야기할 수 없는 시대가 된 것이다. 누구도 흉내내지 못하는 자신만의 콘텐츠, 다르게 생각하는 사람이 요구되는 시대이다.

누군가의 지식과 정보, 창조물을 있는 그대로 수용하려는 모범적이고 획일적인 자세를 버리자. 때로는 조금 삐딱해도 괜찮다. 삐딱하게 바라보고 생각할 때 숨어 있는 진실이 보이고, 새로운 인생의 길도 발견할 수 있다. 세상의 위대한 진보는 조금은 삐딱하게 바라보는 시선에서 비롯했다는 것을 기억하자. 그대 인생도 다르지 않다.

6장 태도

나를 빛나게 하는
태도의 힘

태도가 미래
자기 경쟁력이다

다음 글에서 나는 무엇일지 맞혀보자.

나는 자신을 가장 잘 드러내주는 무엇이다. 내 뿌리는 마음속에 있지만 그 열매는 겉으로 드러난다. 나는 당신의 가장 좋은 친구가 될 수도 있고, 최악의 적이 될 수도 있다. (…) 나는 반드시 겉으로 표현된다. 나는 과거를 기록하는 사서史書이며, 현재를 보여주는 대변자이며, 미래를 알려주는 예언자이다. 나는 무엇일까?

말과 행동은 그가 어떤 사람인지 알려준다. 내면에 있는 것들이 말과 행동으로 나타나니 말이다. 고상한 정신을 바탕 삼아 말하고 행동하라.

　속과 겉이 같을수록 좋다. 삶의 태도가 인생의 본질이다. 아름답게 행동하면 오래 기억된다. 생각한 것이 행동으로 나타나므로 아무 말이나 내뱉지 말고, 바르게 행동해야 한다.

앞선 질문에서 답은 태도이다. 이 글은 《존 맥스웰의 태도》에 나온다. '태도態度'는 '몸의 동작이나 몸을 가누는 모양새, 어떤 일이나 상황 따위를 대하는 마음가짐 또는 그 마음가짐이 드러난 자세, 어떤 일이나 상황 따위에 대해 취하는 입장'으로 정의된다. 겉으로 드러난 삶의 모습이 모두 태도이다. 태도는 그 사람의 모든 것이라고 할 수 있다.

면접에서 인사하는 태도 하나만 봐도 그 사람을 어느 정도 유추할 수 있다고 한다. 몸에 배인 순간의 태도를 포착해 그 사람을 읽어내는 것이다. 그럴듯하게 꾸며도 무심코 취한 행동에서 본모습이 드러나게 마련이니까.

"쟤는 원래 부지런해요", "쟤는 원래 착해요", "쟤는 원래 나빠요"라고 말하는 청소년이 있다. 하지만 처음부터 성실하고, 착하고, 나쁜 사람은 없다. 태도는 하루아침에 형성되지 않으니까. 그래서 태도를 관리해야 한다.

어린 시절 태도를 가꾸어야 어른이 돼서도 바람직한 태도를 품을 수 있다. 태도는 심고, 가꾸고, 관리하고, 그에 합당한 열매가 맺히는지 확인하면서 관리해야 하기 때문이다.

태도는 어려서부터 주변 환경의 영향을 받으며 서서히 형성된다. 부모, 친구, 가족, 유튜브, 책, 영화, 음악, 동영상 등의 영향을 많이 받는다. 보고, 듣고, 읽고, 만난 것이 오늘 내 태도가 된다. 피가 되고 살이 되는 좋은 영향을 받았다면 그 태도로 살아가면 된다.

하지만 나쁜 영향 속에 노출되어 있다면 하루 빨리 거기서 벗어나야 한다. 벗어나지 않으면 물들게 마련이다. 백지 같은 삶이 붉은색에 노출되면 어김없이 붉은색이 스며든다. 푸른색으로 물들면 좋겠다고 아무리 소망해도 붉게 변하고 만다.

나를 빛나게 하는 태도를 형성하려면 나만의 기준점을 세워야 한다. 좋은 기준이 무엇인지도 알아야 한다. 해도 되는 것과 하지 말아야 할 것, 가야 할 곳과 가지 말아야 할 곳, 접촉해야 할 것과 접촉하면 안 되는 것의 기준이 필요하다. 모호한 자세로는 바람직한 태도를 형성하기 어렵다.

누군가 본다고 생각하고
행동하라

대한민국에는 곳곳에 CCTV와 카메라가 많다. 누군가 항상 나를 본다는 단점이 있지만, 카메라 때문에 자동차 속도를 지키거나 남의 물건에 손을 대지 않는 장점도 있다. 누군가 나를 지켜본다면 행동을 조심할 수밖에 없으니까.

이런 마음으로 삶을 살아간다면 좋은 태도를 품는 건 시간문제다. 나를 빛나게 하는 태도는 아무도 보지 않을 때 만들어진다. 그러니 아무도 없을 때도 누군가 보고 있다고 생각하고 행동하자.

언제나 남이 나를 본다는 생각으로 행동하라. 다른 사람이 자신을 본다는 것을 아는 사람은 생각이 깊은 사람이다. 그는 낮에는 새의 눈이, 밤에는 쥐의 눈이 반짝인다는 것을 안다. 그래서 방 안에 혼자 있을 때도 누군가 자신을 보는 듯 행동한다.

세상에 비밀은 없다. 언젠가는 내 모든 것을 사람들이 알게 되므로 모든 사람을 미래의 증인처럼 대하는 것은 괜찮은 방법이다.

누군가 볼 때 모습보다 아무도 보지 않을 때 모습이 진짜 자신일 수 있다. 마음과 생각이 향하는 대로 편하게 행동할 수 있으니까. 누구 눈치 볼 필요도 없으니까. 이때 모습이 진짜 자신을 만들어 간다.

아무도 없을 때 취한 행동 중 많은 부분을 차지하는 것이 쾌락이다. 쾌락은 기쁨과는 다른 감정이다. 그래서 기쁨과 쾌락은 구분해야 한다.

기쁨은 욕구가 충족되었을 때의 흐뭇하고 흡족한 마음이나 느낌을 의미한다. 쾌락快樂은 유쾌하고 즐거움 또는 그런 느낌을 뜻한다. 욕망의 충족에서 오는 유쾌하고 즐거운 감정이다. 비슷한 감정이지만 그 의미는 사뭇 다르다.

기쁨은 지속적인 즐거움이다. 만족감이 오래 이어지는 감정이다. 행복한 감정이 길게 유지된다. 쾌락은 행복을 주는 것과 불행을 초래하는 것으로 나뉜다.

반복해서 기쁨을 주는 것은 행복한 쾌락이지만 순간의 기쁨을 주는 것은 불행한 쾌락이다. 불행한 쾌락은 습관성·

중독성이 있다.

인간의 정신 기능에 영향을 미치는 항정신병약, 항불안약, 항우울약, 각성제, 환각제 같은 향정신성의약품은 불행한 쾌락을 줄 뿐이다. 행복한 쾌락은 남들이 보는 곳에서도 추구할 수 있지만 불행한 쾌락은 아무도 보지 않는 곳에서 추구한다.

누군가 보고 있다는 생각만으로도 자신을 다스릴 수 있다. 누군가 보고 있을 때 거리낌 없이 하는 것들 중 좋은 태도가 많으니까.

누군가 보고 있다고 생각하고 행동하려면 보이는 카메라나 남의 시선만으로는 안 된다. 이때 필요한 것이 양심이다. 양심의 소리는 언제 어디서든 행동을 신중하게 하는 내 안의 카메라이다.

하지만 지속적으로 양심에서 벗어난 일을 하고 나면 양심의 소리가 들리지 않는다. 거짓말을 처음 했을 때는 두렵고 떨리지만 반복되면 아무렇지 않게 하는 것처럼 말이다.

그래서 처음이 중요하다. 처음 양심의 소리에 적극적으로 반응하며 양심의 불이 꺼지지 않게 하자. 그 불이 우리 영혼을 지킬 테니까.

화내는 기술을
배워라

화를 참지 못해 벌어지는 일들이 뉴스를 장식하고 있다. 아주 사소한 일에도 쉽게 화를 터뜨리며 누군가에게 상처를 입히고 자신을 힘들게 한다. 자신에게 조금이라도 간섭하거나 불이익을 주면 참지 못한다.

모두가 폭탄을 가슴에 품고 다니는 것 같다. 도화선에 불을 댕기기만 하면 폭발할 것처럼 말이다. 어른뿐만 아니라 청소년도 화를 다스리는 데 서툴다. 그래서 화내는 기술을 배워야 한다.

화를 내야 할 때는 내라. 하지만 하찮은 일이라면 화를 참아야 한다. 화를 내는 데도 자제하는 노력이 필요하다. 이성적으로 생각하는 사람은 얼마든지 화를 조절할 수 있다.

이때 명심할 것이 있다. 화를 낼 때 자신이 그 사실을 알아야 한다. 자신이 화를 내면 어떤 결과가 나올지 생각하고 어디쯤에서 멈춰야 할지도 계산해야 한다. 화를 내는 것도 전술의 하나이다.

심리학자들은 '화'가 인간의 주요한 감정 중 하나라고 이야기한다. 화는 나쁜 것이 아니라 자연스러운 감정이라는 것이다. 문제는 조절하지 못하는 데 있다. 화를 참지 못하고 지나치게 분노하거나, 화를 내야 하는 상황에도 무조건 참는 것이다. 옳지 못한 대우를 받았다면 화를 참고 넘어가서는 안 된다.

화병은 한국인에게만 있는 정신적인 병이라고 한다. 나혼자 참으면 다 편하니까 어디에 어떻게 감정을 표현할지몰라서 참다가 결국 신체적·정신적 문제를 일으키는 병이되어버린 것이다. 참지 못하는 분노는 타인을 아프게 하고, 너무 많이 참은 화는 자신을 병들게 한다. 내 안에 고스란히 쌓여 있으니까.

화를 내면 주변 사람들의 고통도 크지만 가장 큰 피해자는 자기 자신이다. 화를 내면 혈액 속에서 염증을 일으키는 세포가 늘기 때문이다. 얼굴이 벌겋게 달아오르고 몸에서 열도 난다. 혈압이 올라갔다는 증거다. 염증을 일으키는 세포가 혈압을 올리는 작용을 한 것이다. 그 영향은 심장까지 향한다. 그래서 어떤 의사는 화를 낼 때마다 심장이 불에 탄다고 말한다. 그만큼 치명적인 상처를 입힌다.

화가 난다는 것은 속이 상했다는 뜻이다. 현재 상황이 마음에 들지 않기에 화가 나는 것이다. 그러니 화가 날 때 무엇 때문에 그런지 살펴야 한다. 문제의 원인을 알고 나면 의외로 쉽게 화를 다스릴 수 있다.

화를 진정시키려면 그 마음을 어루만져 주는 것도 좋다. 화난 자신을 위로하며 진정시키는 것이다. 그래도 마음이 진정되지 않으면 편안한 음악을 듣거나 달콤한 음식을 먹는 것도 좋다. 달달한 것을 먹으면 마음이 차분해질 수 있으니까.

화는 순간을 참으면 다스릴 수 있다. 보통 3초를 견디지 못해 화를 낸다고 하니 3초를 견뎌보자. 가장 좋은 방법은 크게 심호흡하는 것이다. 그 상황에서 잠시 벗어나는 것도 좋다. 조금만 한눈을 팔아도 화난 마음이 진정되니까.

화는 온전히 '나의 선택'이다. 참거나 발산하거나. 그러니 화를 슬기롭게 다스리자. 분노를 이기는 자는 최대의 적을 극복하는 것이라는 로마의 유명한 시인 호라티우스의 말도 있다.

잘난 척하지
마라

요즘은 자기 PR시대라고 한다. 자신을 적극적으로 알려야 살아남을 수 있는 시대이다. 퍼스널 브랜딩[Personal Branding], 자신을 브랜드화하여 관심 분야에 자신이 먼저 떠오르도록 하는 작업도 많이 한다. 차별화된 나만의 가치를 높여 인정받으려는 것이다.

모두 자신의 특장점을 드러내 자기 가치를 높이는 것에 초점이 맞춰져 있다. 자신을 드러내는 것은 좋지만 잘난 체는 하지 말아야 한다.

잘난 척하지 마라. 재능이 뛰어나다면 더욱 자랑하면 안 된다. 보기에도 좋지 않을뿐더러 야비해 보이기까지 한다. 그러면 뛰어난 재능마저 빛이 바래고 만다.

현명한 사람은 자기 능력을 드러내지 않고 애써 숨기며 장점을 두드러지게 하지 않는다. 자신을 드러내지 않을 때 주변 사람들의 주의를 끌 수 있다. 자기 능력은 최대한 발휘하되 스스로 드러내지 않는 사람이 더 훌륭하다.

잘난 체하며 뽐내려는 태도를 '교만하다'고 말하기도 한다. 교만驕慢은 다른 사람보다 자신이 더 낫다는 마음이다. 자신이 우월하다고 생각하기에 남을 우습게 보기도 한다. 그래서 잘난 체하는 것이 위험하다. 잘난 체하면 실력과 능력이 아무리 뛰어나도 사람들에게서 인정받기 어렵다. 잘난 체하는 모습을 보고 사람들은 교만하다고 생각하니까.

재능이나 실력은 자신의 입이 아니라 다른 사람을 통해 칭찬받고 인정받도록 해야 한다. 그래야 더 가치가 있다. 남의 시선으로 본 것이 진짜이니까.

스스로 자랑하면 앞에서는 인정해 주는 것 같지만 뒤에서는 그렇지 않을 수 있다. 오히려 그 자랑을 깎아내리기 바쁘다. 스스로 자랑하는 것이 자기 재능이나 능력을 과시하는 것처럼 보여 얄밉기 때문이다.

스스로 자랑해야 브랜딩이 되지만 지혜롭게 준비해야 한다. 이제 이력서에 '이런 곳에서 공부했으니 뽑아서 일을 맡겨주세요'라고 학벌과 스펙을 과시하는 시대는 저물고 있다. 실제로 기업에서 인재를 채용할 때 학벌과 스펙을 적는 칸을 지워버린 곳도 있다. 학벌이나 스펙이 아니라 그 사람의 탄탄한 스토리를 기반으로 인재를 뽑는 것이다.

그래서 개인의 이력을 체계적으로 관리하는 것이 필요하다. 자신의 작업물을 SNS나 유튜브 등에 꾸준히 업로드하며 관리하면 좋다. 꿈꾸고 성장하는 내용을 기록으로 남기는 것이다. 그러다 보면 언젠가는 그 기록을 보고 필요한 곳에서 먼저 연락을 해올 것이다. 그때는 그대가 원하는 회사를 역으로 선택하면 된다.

낭중지추囊中之錐라는 사자성어가 있다. 주머니 속의 송곳이란 뜻으로, 재능이 뛰어난 사람은 숨어 있어도 저절로 사람들이 알게 됨을 뜻하는 말이다. 그러니 잘난 척은 하지 말자. 재능이 뛰어나다면 감추고 있어도 저절로 드러날 때가 온다. 그런 날이 오도록 바람직한 태도로 준비하며 나아가자. 준비된 자에게는 반드시 기회가 올 테니까.

절제가 좋은 태도의
시작이다

한 번뿐인 인생 살고 싶은 대로 살겠다는 사람이 많다. 살고 싶은 대로 사는 삶이 목적이 있고 그 일이 다른 사람에게도 도움이 된다면 괜찮다.

하지만 이기적인 생각으로 마음 가는 대로 사는 것이라면 잠시 멈춰야 한다. 그에 따른 결과는 언젠가는 자신에게 돌아올 테니까.

배고팠다며 배가 부를 때까지 먹으면 안 된다. 아무
리 더 먹고 싶어도 억제할 줄 알아야 한다. 욕망이야말로
삶을 판단하는 소중한 기준이다. 목마르더라도 완전히
해소해서는 안 된다. 자신의 가치를 높이려면 양이 적을
수록 효과가 커진다.

잘나가는 연예인, 운동선수들이 한순간 구설에 오르는 일이 있다. 대중의 주목을 받을 만할 때 학창시절 삶의 태도가 발목을 잡는 것이다. 수년간 애쓰고 준비한 것들이 한순간에 무너진다. 그래서 어린 시절부터 절제를 훈련해야 한다. 절제하는 태도는 훈련하지 않으면 형성되지 않기 때문이다.

미국 화폐 100달러에 인쇄돼 있는 인물은 벤저민 프랭클린이다. 그는 미국의 정치가·외교관·과학자·저술가로 영향력 있게 살았다. 미국 독립선언서를 만든 기초위원이기도 하다.

그가 미국인의 존경을 한 몸에 받는 비결은 50년 동안 13가지 삶의 태도를 훈련했기 때문이다. 절제를 시작으로 침묵, 규율, 결단, 절약, 근면, 성실, 정의, 중용, 청결, 평정, 순결, 겸손의 태도를 평생 훈련했다. 그는 절제를 첫째 덕목으로 삼은 이유를 자서전에서 이렇게 설명하였다.

"절제를 첫째로 놓은 것은 머리의 냉철함과 선명함을 얻어 항상 조심해야 하는 일에 실수하지 않고 묵은 습관들에 끌려 들어가거나 끊임없는 유혹에 빠지지 않을 수 있기 때문이다."

그는 절제하는 삶의 태도를 소유하면 나머지 12가지 덕목은 저절로 형성될 것이라고 생각했다. 절제가 얼마나 중요한지를 알려주는 일화이다.

절제하지 못하면 감각적이고 쾌락적인 것에 이끌리게 된다. 순간의 유혹을 이기지 못하는 것이다. 자극적으로 얻은 쾌락은 그 순간에는 즐겁고 행복한 것처럼 보일지 몰라도 남는 것은 허무함과 공허함뿐이다. 그리고 그것을 채우기 위해 더 자극적인 것을 원하게 된다.

그러다 보면 평범한 것이 주는 감동과 의미를 잃어버리게 된다. 음식도 자극적인 것만 먹다 보면 진짜의 맛을 잃어버린다. 매운 것을 좋아하면 모든 음식이 매울 때만 맛이 있다고 느낀다. "내가 좋아하면 된 거 아냐?"라고 할 수 있지만 평생을 매운맛만 느끼며 산다면 어떨까.

절제는 자기 조절 능력이다. 스스로 자신을 통제하는 능력이다. 삶에서 해서는 안 될 것들을 스스로 알고 하지 않는 것이다. 자기 삶에서 해야 할 것과 하지 말아야 할 것을 구분하는 능력이다.

내 삶에서 오늘 꼭 해야 할 것은 무엇인가?

오늘 삶에서 절대 하지 말아야 할 것은 무엇인가?

두 대답에 어떤 핑계도 대지 말고 당장 실천하자. 그래야 나를 환히 빛나게 해줄 삶의 태도가 형성된다.

모든 것에는
때가 있다

　세상의 모든 것에는 때가 있다. 씨앗을 뿌릴 시기가 있고, 추수할 시기가 있다. 농부가 씨앗을 심지 않으면 거둘 수 없는 것처럼 인생에도 심고 거둠의 법칙이 적용된다. 심어야 거둘 수 있고 무엇을 심었는지에 따라 거두는 열매도 달라진다.

　때를 놓치거나 맞추지 않으면 바라는 결과를 얻기 어렵다. 조급해서는 탐스러운 열매를 맺기 어렵다. 인생의 열매도 다르지 않다.

조급해하지 마라. 어리석은 사람은 모든 일에 몹시 급하다. 이들은 어떤 일이든 생각 없이 달려들어 그르치는 경우가 많다. 지혜로운 사람은 지나치게 생각하다 시기를 놓칠 때가 많다.

무슨 일이든 철저히 준비하면 실패를 줄일 수 있다. 그러나 씨를 뿌리지 않으면 좋은 열매를 거둘 수 없듯이 실행하지 않으면 수확할 열매가 없다. 실행해야 뿌린 씨앗에서 그에 합당한 수확물을 만날 수 있다.

농부가 씨앗을 심기까지는 많은 과정이 필요하다. 수많은 과정을 지나 씨앗을 심었다면 이제는 기다림이라는 과정을 지나야 한다. 온전하게 여무는 시간이 있어야 비로소 탐스러운 열매가 맺히는 것이다.

그런데 4차 산업혁명시대에는 모든 것이 빨리빨리 진행되고 해결된다. 농사도 속성재배가 가능해졌다. 최상의 맛집 음식도 전화 한 통이면 배달된다. 모든 것이 빠르다 보니 일의 결과도 빨리 보고 싶어 한다.

다음은 찰스 슈와프의 〈서두르지 마라〉라는 시이다. 숱한 인생의 파도를 넘은 노인의 메시지를 잘 이해해 보자.

경험이 풍부한 노인은 곤란한 일에 부딪혔을 때,
서두르지 말고 내일까지 기다리라고 말한다

사실, 하루가 지나면 좋든 나쁘든 사정이 달라질 수 있다
노인은 시간의 비밀을 알고 있다

사람의 힘으로는 해결 못 할 일들을

시간이 해결해 주는 일들이 가끔 있다

(…)

곤란한 문제를 해결하려 서두르기보다

한 걸음 물러서서 조용히 응시하는 것이 현명하다

조급함은 이루어질 일도 안 되게 한다. 성급하면 서두르게 되고, 서두르면 무리하게 마련이다. 무리가 따르면 진짜 중요한 것을 놓치게 된다. 그래서 현명한 노인은 곤란한 문제를 만나면 해결하려 서두르기보다 한 걸음 물러서 조용히 응시하는 것이 현명하다고 말한다.

그러면 문제의 본질이 보이고 해결책도 보일 테니까. 조급하지 않은 것이 문제 해결에 더 도움이 되는 것이다.

어떤 일이든 숙성의 시간이 있어야 무르익는다. 스마트

폰도 오래 사용하려면 충전하는 시간이 필요하다. 과제를 할 때도 전체를 보고 단계적으로 실천하는 훈련을 하자. 시험문제도 끝까지 읽고 답을 쓰자. 조급한 마음으로 읽다 보면 '~하지 않는 것은?'까지 읽지 못하니까.

꿈을 향해 가다 보면 내 시간표대로 되지 않는 때가 있다. 그 시간은 기다려야 하는 시기라고 생각하자. 조급하게 서두른다고 해서 꿈의 씨앗에서 갑자기 열매가 맺지는 않으니까.

무엇이든
내일로 미루지 마라

오늘 내린 결심을 내일로 미루는 사람들이 많다. 특히 다이어트를 할 때 실패한 사람들은 대부분 '내일부터'라고 생각하고 미룬다. 내일부터 하겠다는 생각은 또 내일로 미루어지고 결국 하지 못하고 만다.

인간의 어리석음 중 하나는 내일의 시간이 항상 내 것이라고 여기는 것이다. 그래서 미루고 미룬다. '막연하게 언젠가는 되겠지'라는 마음으로 오늘을 지내고, 내일의 시간도 또 그렇게 보낸다.

성급한 행동은 어리석은 자들의 특성이다. 어리석은 자들은 일을 밀고 나갈 시점을 알지 못하고 준비도 없이 달려든다. 반대로 지혜로운 사람은 지나치게 몸을 사리다가 실수한다.

예측하면 예방책을 얻을 수 있지만, 행동하지 않으면 아무런 결실도 거두지 못한다. 신속함은 행운의 어머니 같다. 내일로 미루지 않아야 많은 것을 할 수 있다.

'도박사의 오류'라는 이론이 있다. '지금까지 계속 잃었으니 다음 판에는 딸 차례야'라고 기대를 품는 것이다. 동전을 던졌을 때 연속해서 앞면이 나오면 이제는 뒷면이 나올 거라고 기대하는 것과 같다. 실패를 계속했으니 이제는 성공할 거라는 막연한 기대를 품는 이론이다.

'언젠가 성공할 수 있겠지?'라는 막연한 기대만으로는 아무런 결과도 얻을 수 없다. 원하는 목표를 이루려면 좀 더 구체적인 목표와 그것을 이룰 수 있는 명확한 계획과 실행 능력이 뒤따라야 한다. 오늘 삶에서 꼭 해야 할 일은 미루지 않고 해내야 어제와 다른 삶을 살 수 있다.

작은 것이라도 오늘 할 수 있는 일은 오늘 해야 한다. 지금 하지 않으면 나중에도 할 수 없다. 지금 태도를 아름답게 하지 않으면 어른이 되어서도 하지 못한다. 지금 '미안하다, 사랑한다, 감사하다'고 말하지 않으면 나중에도 그 말을 하는 것이 어색해서 할 수 없다.

그러니 좋은 것은 지금 해라. 속지 마라. 내일의 시간이

나를 기다려줄 것이라고. 내일 할 수 있다고, 내일 하겠다고 하지 마라. 내일 해도 되는 일은 걱정하는 일이다. 걱정, 염려, 두려움은 내일로 미뤄도 된다.

그러나 심사숙고해야 하는 일은 시간을 두고 해야 한다. 이런 일마저 내일로 미루지 않겠다고 서두르면 안 된다. 이때 필요한 것이 지혜이다. 지혜는 좋은 것, 중요한 것, 먼저 할 것을 알고 준비하고 실천하는 능력이니까.

잠들기 전에 스마트폰을 하는 대신 하루 있었던 일을 바둑에서 복기復棋를 하듯 처음부터 하나하나 짚어보자. 오늘 무엇을 배우고 익혔는지, 바꾸어야 할 점은 무엇인지, 부족한 점이나 보완해야 할 점은 무엇인지 등을.

그리고 내일 삶에서 중요한 일, 꼭 해야 할 일, 먼저 할 것이 무엇인지 따져보자. 내일 조금 더 발전하려면 무엇을 해야 할지 미리 알고 준비하는 태도를 갖추자. 그러면 나의 내일은 오늘과 완전히 다른 날이 될 것이다.

매일 인격과 능력을
다듬어라

태어나면서부터 걷는 동물이 많다. 동물은 배우지 않아도 자연 환경에서 살아남으려 본능적으로 걷고 뛴다. 그러나 사람은 가장 불완전 상태로 태어난다. 누군가 돌보고 가르치는 과정 없이는 인간답게 살기가 불가능하다.

걷는 것 하나부터 사람은 배우고 연습해서 지금처럼 되었다. 특히 인격과 능력은 하루아침에 완성되지 않으므로 매일 다듬고 고치고 무르익도록 훈련해야 한다.

완전한 모습으로 태어나는 인간은 없다. 더 완전해지려고 매일 인격과 능력을 가다듬어야 한다. 있는 힘껏 능력을 발휘하고, 마음을 닦으며, 문제점을 고치려고 노력해야 한다.

지혜롭게 판단하고 좋은 생각을 하며, 고상한 취미를 가지고 강하고 순수한 의지가 있을 때 비로소 천천히 무르익는다.

살다 보면 배우고 익혀야 할 것들이 참 많다. 편의점에서 물건을 살 때도 학교생활을 할 때도 식당에서 음식을 먹을 때도 지켜야 할 덕목이 있다. 아주 사소한 것까지 배우고 다듬어 바람직한 태도를 품어야 한다고 가르침을 받으며 자란다. 그래야 성숙한 어른으로 성장할 수 있다.

'나는 그냥 내가 하고 싶은 대로 하며 살 거야'라고 생각하지 말자. 나 혼자만의 인생이 아니니까. 코로나19 팬데믹으로 우리는 한 사람의 중요성을 배웠다. 한 명이 코로나19에 감염되면 수많은 사람이 격리되고 진단검사를 받았다. 우리는 자신과 관계를 맺고 있는 사람들에게 어떤 형식으로든 영향을 주게 돼 있다.

누군가를 향한 복수심으로 자신을 무너뜨리지도 말자. 복수를 한다고 해서 행복해지는 것은 아니니까. 가장 좋은 복수는 내가 성숙한 어른이 되어 하루하루 행복하게 살아가는 것이다. 내 인생을 사는 것이다. 그러니 바람직한 태도로 선한 영향을 주겠다는 욕심을 갖자. 내가 있어 주변이 좋은 쪽으로 변화되도록.

잘못 배운 것도 잘 배운 것도 결국 삶의 태도가 되고 습관이 된다. 문제가 되는 습관이라면 바꾸려는 자세가 필요하다. 문제 행동이나 태도를 그냥 두면 잡초처럼 자라나고 마니까. 좋은 태도까지 갉아먹고 삶까지 무너지게 만들고 만다.

연한 나뭇가지의 모양을 잡아주고, 어린 잡초를 뽑아내는 일은 그다지 힘들지 않다. 연해서 금방 구부러지고 잘 뽑히기 때문이다.

하지만 시간이 흘러서 가지가 강해지면 잘 구부러지지 않는다. 오히려 부러지고 만다. 잡초도 어릴 때 뽑지 않으면 깊이 뿌리를 내려 쉽게 뽑을 수 없다. 어른이 돼서 삶의 태도를 바꾸는 일이 그만큼 힘들다는 것이다. 그러니 지금부터 준비하고 훈련하자.

사람은 누구나 완전하지 않다. 자신을 성찰하며 더 좋은 삶을 향해 나아가려는 의지가 있는 사람들이 완성된 모습으로 변해갈 뿐이다. 서서히 자신을 성장시키는 사람들이 훗날 미소를 지을 수 있다. 특히 인격은 쉽게 변화되지 않으니 어릴 때부터 훈련하자. 자기 삶의 원칙을 세우자. 인격과 능력이 성장하도록 오늘 삶에서 멈추지 말자. 먼 훗날 삶을 되돌아보며 행복한 미소를 짓도록.

어떻게 살아야
잘 사는 걸까

7장 의미

두려움은 소망이 멈추는 곳에서
시작된다

기우杞憂는 기인지우杞人之憂의 줄임말이다. 기나라 사람이 하늘이 무너지고 땅이 꺼질까 봐 먹지도 않고 걱정했다는 데서 유래한 말이다. 그런 쓸데없는 걱정으로 삶을 망가뜨릴 수 있냐고 물을 수 있다. 기나라 사람은 한 번의 생각이나 경험으로 이런 걱정을 했을까?

그는 수많은 삶의 문제와 걱정 속에서 하늘이 무너지고 땅이 꺼질까 봐 걱정했다. 자기 삶에 걱정과 근심이 많아지면 두려움에 휩싸여 결국 살아갈 희망도 잃게 만든다.

소망할 만한 일을 남겨두어라. 달이 차면 기울듯이 완전한 행복이 지나면 불행이 찾아오기 쉽다. 모든 것을 갖추고도 불행한 사람들이 있다.

육신은 숨을 쉬고 정신은 노력한다. 더 알고 싶은 것이 있어야 호기심도 희망도 생기는 법이다. 인생에서 더 추구할 것이 없어지면 두려움이 찾아온다. 소망이 멈추는 곳에서 두려움이 시작된다.

청소년들이 미래를 어떻게 준비해야 할지 모르겠다고 불안해한다. 과학기술의 발달로 현재의 수많은 직업이 사라지고, 단순반복 노동은 인공지능으로 대체되기 때문이다. 외국인 노동자들마저 일자리를 위태롭게 하고 있다.

그래도 소망은 잃지 말아야 한다. 소망을 잃어버리면 오늘 무엇을 해야 할지 모르게 된다. 어떤 상황에서든 소망을 품는 것이 더 나은 미래를 기대하며 살아갈 수 있게 한다.

이스라엘(유대인)은 독특한 역사를 갖고 있다. 인류 역사상 가장 많은 고난과 배척, 실패와 미움을 받았다. 주변 나라의 침략으로 식민지가 되는 일도 많았다. 노예로 포로로 주변 나라를 떠돌기 일쑤였다.

그러다 아주 망해 버려서 많은 사람이 세계로 흩어졌다. 2천 년 동안 나라 없는 설움 속에서 살아야 했다. 제2차 세계대전 때는 600만 명이 넘는 사람이 가스실에서 목숨을 잃었다.

이 정도의 고난과 아픔을 겪으면 개인도 민족도 남아

있을 수 없다. 그런데 1948년 다시 이스라엘이라는 나라가 세워지고 세계에 흩어져 있던 사람들이 모였다. 세계 인구의 0.2%밖에 안 되는 이들이 노벨상의 30%를 차지하며 세계를 주도하고 있다.

어떤 요인이 이들을 회복하게 했을까? 여러 가지 이유가 있겠지만 이들은 어떤 절망과 핍박, 고난 가운데서도 소망을 잃지 않았다. 죽음의 순간에도 자식에게는 소망을 노래하도록 교육했다. 그 힘이 지금의 이스라엘, 유대인의 저력을 세계 속에 퍼뜨리고 있다. 그러니 그대도 어떤 경우에라도 소망을 잃지 마라.

한 번 크게 성취한 후 오히려 삶이 무너진 사람들이 있다. 스타가 된 후 삶이 망가진 사람들도 많다. 지속적으로 성장하지 못한 사람들은 한 번의 성취에 도취돼 소망을 잃어버렸기 때문이다. 큰 성취가 있은 후에도 성장하는 사람들은 새로운 소망으로 무장하고 다시 시작한다. 소망을 잃어버리느냐, 다시 품느냐의 차이인 것이다.

하는 일마다 잘 풀리지 않고, 어디로 가야 할지 모르겠다고, 쓸모없는 사람이라고 포기하지 말자. 소망을 품고 묵묵히 길을 가다 보면 작은 들꽃에도 뭉게구름 하나에도 미소를 지을 수 있을 테니까. 그러다 보면 언젠가는 풍성한 인생의 열매를 수확하고, 삶의 의미를 느끼는 날이 반드시 앞에 펼쳐질 테니까.

결단력 있게
행동하라

'결정 장애'라는 말을 들어봤을 것이다. 선택을 해야 하는 상황에서 쉽게 결정하지 못하는 성격을 표현하는 신조어이다. 사회발달로 과도하게 많은 선택지 속에서 무엇을 결정해야 할지 모르는 심리를 말한다.

얼마나 결단력 있게 행동하지 못하면 '장애'라는 단어까지 썼을까. 자기 앞에 놓인 인생의 선택지 속에서 하나를 선택한다는 것은 어려운 일이다. 그럼에도 지혜로운 사람들은 결단력 있게 행동하며 돌파구를 찾는다.

결단력 있게 하라. 우유부단하면 일을 그르친다. 우유부단한 사람은 늘 누군가의 지시를 기다린다. 판단력과 추진력이 부족한 탓이다. 어려운 고비를 넘기거나 벗어나는 길을 발견할 때 통찰력이 증명된다.

반면 어떤 어려움에도 빠지지 않는 사람들이 있다. 그들은 판단력, 결단력으로 최고의 자리까지 오른다. 일의 이치를 알고 헤쳐 나간다.

어디를 가도 인정받는 인재에게는 세 가지 특성이 있다.

첫째, 문제가 뭔지를 안다. 자기 삶의 문제, 자신이 속해 있는 공동체의 문제점을 꿰뚫는다.

둘째, 문제를 발견하고 그 해결책을 알고 있다. 문제가 뭔지를 아는 사람은 많지만 솔루션solution, 즉 해결책이 있는 사람은 적다.

셋째, 문제를 발견하고 해결책을 실행에 옮길 줄 아는 사람이다. 솔루션이 있어도 결단력이나 추진력, 실행력이 없어서 문제를 해결하지 못하는 경우도 상당하다.

세 가지 요소를 균형 있게 유지하는 사람이 인재가 되는데, 스스로 명확하게 판단하고 추진력을 갖고 일하는 사람이다. 결단력 있게 행동하는 사람이 결국 인재가 되는 것이다.

결정하기가 어려운 이유는 선택한 것을 스스로 신뢰하지 않기 때문이다. '다른 것이 더 좋으면 어쩌나' 하는 고민이 결정을 어렵게 만든다. 이런저런 고민에 휩싸였다가 타

이밍을 놓치거나 선택조차 하지 못하는 경우도 많다.

선택해 놓고도 후회하고, 선택하지 못한 것도 후회할 바에는 선택하고 후회하는 쪽이 더 낫다. 선택해서 추진한 만큼 유익하니까. 설령 실패해도 그만큼 인생 경험이 쌓인 거니까.

'피에르 가르뎅' 메이커를 탄생시킨 이탈리아 출신의 프랑스 패션 디자이너 피에르 가르뎅은 그해 유행할 치마 길이를 동전을 던져 정했다고 한다. 트렌드를 분석하며 고민하기보다 결정한 것이 성공하도록 최선을 다해 노력을 쏟아 부었다.

현명한 선택도 중요하지만 과감하게 결정하고 그것이 이루어지도록 살면서 최선을 다하는 것이 더 효율적일 때도 있다.

청소년기에 내린 선택은 어설플 수 있다. 인생의 성취를 거둔 위대한 인물들도 처음에는 어설펐다. 이 사실을 아는 것만으로도 용기를 갖고 결단할 수 있다. 내 인생의 모든 결단의 권한은 나에게 있다.

내가 오늘 결단하고 추진한 일상들이 모여 빛나는 내일을 만든다. 오늘 결단하는 훈련을 하지 않으면 어른이 돼서도 스스로 결정하고 책임지는 삶이 아니라 남이 선택해 준 대로 살아야 할 수도 있다.

사람들 평가에
기죽지 마라

　우리는 수많은 시험과 평가의 관문을 통과하며 앞으로
나아간다. 평가를 통과해야 바라고 소망한 것을 성취할 수
있다. 대학수학능력시험은 동일한 조건에서 같은 시험문
제로 실력을 평가한다. 대학입시도 규정된 평가를 통과해
야 입학이 된다.

　취업도 그 회사에서 제시한 규정에 통과돼야 입사할 수
있다. 싫든 좋든 평가를 받으며 살아가야 하는데 그 평가에
어떻게 반응하느냐가 중요하다.

세상의 절반과 다른 절반은 서로 비웃는다. 어느 쪽
에 맞추느냐에 따라 모두 좋기도 하고 모두 나쁘기도 하
다. 완전함은 한쪽의 찬성만으로는 완성될 수 없다. 사람
들 취향은 다양하다.

　어떤 결함이 있을 때 누군가는 좋아할 수도 있고, 누
군가는 마음에 들어하지 않을 수도 있다. 그러니 일부가
마음에 들어하지 않는다고 해도 용기를 잃으면 안 된다.

　그렇다고 박수갈채에 우쭐해하지도 마라. 누군가는
비난할 테니 말이다. 진정한 만족의 잣대는 그 분야 전문
가에게서 인정받는 것이다. 하지만 한 사람의 인정이나
일시적 칭찬, 특정 시대에 당당하게 대처해야 한다.

사람의 영혼을 망치고 비참하게 하는 요소 중 강력한 것은 다른 사람의 판단과 평가이다. 나를 향한 판단과 평가로 힘들어하는 것이다. 중요한 것은 사람들의 평가에 내가 어떻게 반응하느냐이다. 사람들의 평가에 소망이나 소신이 흔들리면 의미 있는 삶을 살아가기 힘들기 때문이다.

존 거던은 2012년 노벨생리의학상을 공동 수상했다. 하지만 그는 학교 선생님의 평가에 흔들려 한때 꿈을 포기했다. 그는 영국 명문 사립 중등학교 이튼 칼리지를 다니며 생물학자를 꿈꾸었다. 그러나 생물 성적은 260명 중 꼴찌일 정도로 형편이 없었다. 선생님은 그의 꿈을 의심하고 성적표에 다음과 같은 글을 남겼다.

"거던이 과학자가 되고 싶다는데 현재로 볼 때 상당히 엉뚱하다고 판단됨. 생물에 대한 단순한 지식조차 습득할 수 없으므로 지금의 성적으로는 어림도 없음. 과학자를 꿈꾸는 것은 바보 같은 생각임."

선생님의 평가를 보고 그는 생물학 대신 고전문학을 선

택해 진학했다. 하지만 가슴속에서 생물학에 대한 소망이 사라지지 않아 동물학으로 전공을 바꾼다. 생물학 공부에 뛰어든 10년 뒤, 사상 최초로 개구리복제에 성공하고 결국 노벨상까지 타게 된다. 존 거던은 선생님의 평가에 흔들려 먼 길을 돌았지만 결국 꿈을 성취한 것이다.

칭찬보다 부정적 평가를 많이 듣고 자라면 자신도 모르게 자존감이 낮은 사람이 될 수 있다. 이런 상태로 어른이 되면 자신감과 소신을 갖고 일할 수 없다. 남의 눈치를 보며 그들의 평가에 일희일비一喜一悲하게 된다.

그러니 진심으로 나를 걱정하고 위해서 하는 평가가 아니라면 그냥 흐르는 물에 흘려보내라. 나를 성장시키지 못하는 평가에 에너지를 낭비할 필요가 없으니까.

요즘은 SNS가 소통 창구가 되면서 이름도 얼굴도 모르는 사람들의 평가도 받아야 하는 시대가 되었다. 대부분 보이는 것만으로 자신만의 기준에 따라 한 평가인데, 이 평가에 내 영혼과 마음이 흔들리면 안 된다. 그들 말은 그들의 생각일 뿐이다.

삶의 의미는 남이 나를 보는 시선과 평가가 아니라 내가 나를 바라보는 시선에서 생긴다. 내가 나를 얼마나 사랑하고 자랑스럽게 생각하는지 그 척도가 행복한 사람을 만든다.

나는 주변 평가에 어떻게 반응하는가?

롤 모델에게서
자극을 받아라

너새니얼 호손의《큰 바위 얼굴》이라는 단편소설이 있다. 주인공 어니스트는 바위 언덕에 새겨진 큰 바위 얼굴을 닮은 아이가 태어나 훌륭한 인물이 될 것이라는 전설傳說을 듣고 그 사람을 만나길 기대하며 자란다.

부자, 정치인, 군인, 시인 등 바위를 닮은 사람이 나타났다고 했지만 모두 큰 바위 얼굴과 거리가 멀었다. 어니스트는 과연 바위를 닮은 사람을 만났을까?

영웅을 이상형으로 삼아라. 그를 닮아라. 누구나 자기 분야에서 가장 뛰어난 재능을 보인 사람을 이상형으로 삼는다. 알렉산더대왕은 땅속에 있는 영웅 아킬레우스를 위해 눈물을 흘린 것이 아니라 자신이 세상에 이름을 떨치지 못해서 울었다.

다른 사람의 승리의 나팔소리는 자기 마음속에 숨어 있는 공명심功名心을 불러일으킨다. 자기 속에 숨어 있는 시기심과 질투심이 사라져야 비로소 고결한 성품이 자극을 받아 움직인다.

《큰 바위 얼굴》에서 사람들은 주인공 어니스트가 큰 바위 얼굴을 닮았다고 말해 준다. 큰 바위 얼굴이 나타나길 간절히 기다린 어니스트가 겉모습뿐만 아니라 내면까지도 바위를 닮은 사람이 되었다는 것이다. 이 소설은 누군가를 간절히 닮기를 원하면 그 사람이 되어 간다는 의미를 담고 있다.

어른이든 청소년이든 삶이 안개가 덮인 것같이 보이지 않을 때가 많다. 원하는 대학만 가면 될 것 같은데 막상 거기서도 어떻게 해야 할지 몰라 헤매기 일쑤다. 안개 같은 시야를 제거해 주는 역할을 롤 모델이 할 수 있다. 그도 안개 속에 있었고, 그 길을 헤치고 나왔기에 도움을 받을 수 있는 것이다.

인상주의 화가로 명성을 떨친 빈센트 반고흐의 롤 모델은 밀레였다. 고흐는 밀레를 직접 만나지는 않았지만 그의 예술세계를 닮으려고 노력했다. 그의 삶의 태도까지 닮으려고 했으며 그의 그림을 끊임없이 따라 그리며 배웠다.

그렇다고 무작정 베끼기만 한 것은 아니다. 베끼기를 토대로 자신만의 화풍을 만들었다. 그것이 바탕이 되어 자신만의 창조적인 예술체계를 완성했다.

글쓰기 능력을 기를 때도 베껴 쓰기가 도움이 된다. 닮고 싶은 작가의 글을 베끼며 실력을 쌓는 것이다. 글쓴이의 생각 전개 방식, 메시지 전달 방법, 문장의 형태와 패턴을 익혀 자기 것으로 만드는 것이다. 그러다 보면 어느새 따라 하던 작가의 형태와 패턴이 몸에 장착되어 그것을 재현하는 데 성공할 수 있다. 이렇게 훈련하며 자신만의 문장전개 방식을 완성해 나가면 된다.

롤 모델로 더 나은 능력과 실력을 갖출 때 중요한 것은 똑같이 따라 하지 않는 것이다. 무조건 따라 하기만 하면 독특한 내 특성이 사라질 수 있다. 그래서 롤 모델의 모방하고 싶은 부분은 따라 하되 자기 것으로 다시 창조해야 한다. 그대로 따라 하면 저작권 위반이 되고 표절이 되기 때문이다.

롤 모델처럼 되지 않는다고 괴로워할 필요도 없다. 힘들고 좌절이 될 때 이겨낼 힘을 얻으면 된다. 그의 삶과 능력, 생각, 가치를 토대로 내 것을 만들면 된다.

롤 모델은 꼭 위대하거나 훌륭한 사람일 필요는 없다. 친구, 가족, 지인 등 주변에 본받을 만한 사람을 롤 모델로 삼으면 훨씬 현실성 있게 도움을 받을 수 있다. 정직한 친구 모습, 부지런한 부모님 모습, 인사 잘하는 동네 사람들 모습은 물론 책의 주인공에게도 자극을 받고 배우자. 아주 사소하고 미세한 차이가 인생의 큰 차이를 만든다.

당신의 롤 모델은 누구인가?

자신을
통제하라

공부, 재능 등으로 의미 있는 결과를 만든 사람들의 특징은 자신을 잘 다스린다는 것이다. 감정에 휩쓸리지 않으며, 원하는 결과가 나오지 않더라도 흔들리지 않는다. 스스로 통제하고 인내하며 근성을 갖고 끝까지 해낸다. 자신을 다스리는 능력이 없으면 모래 위에 집을 짓는 것과 같으니까.

자신을 다스리는 해법은 일상에 있다. 일상을 바꿀 수 있어야 삶을 변화시킬 수 있기 때문이다. 오늘 삶에서 꼭 해야 할 것들을 어제보다 아주 조금만 더 해보자.

어떤 경우에도 성급함에 밀리지 않고 열정을 다스릴 줄 안다는 것은 인내심이 강한 사람이라는 증거다. 자신을 통제할 수 있으면 남도 다스릴 수 있다.

우리는 긴 시간을 기다린 후에야 사물의 중심에 도달할 수 있다. 그래서 지혜로운 사람은 때와 방법이 익기를 기다린다.

인생의 성취를 이야기할 때 재능이 뛰어나고 지능지수^{IQ}가 좋아야 한다고 말하는 청소년들이 많다. 성적이 좋지 않으면 지능지수가 높지 않기 때문이며, 공부 외의 것으로 진로를 설계할 때는 뛰어난 재능이 없다며 투덜대기도 한다. 환경이나 외부 조건 때문에 원하는 결과를 만들지 못했다는 것이다.

하지만 인생의 성취를 이룬 사람들의 특징을 연구한 펜실베이니아대학교 심리학과 교수 안젤라 더크위스는 다른 요인이 있다고 말한다.

그는 한때 뉴욕시 공립학교에서 중학교 1학년 학생들에게 수학을 가르쳤다. 그는 성적이 좋은 학생과 나쁜 학생의 차이가 지능지수에 있지 않다는 것을 알게 된다. 그래서 그 원인이 무엇인지 알고 싶어 대학원에 진학해 심리학을 공부하며 원리를 밝힌다.

어떤 영역에서든 뛰어난 성취를 이루는 가장 큰 요인은 지능, 성격, 환경이 아닌 '그릿^{GRIT}'이었다. '그릿'은 '근성',

'열정이 있는 끈기'로 해석할 수 있다. 실패에 좌절하지 않고 자신이 성취하고자 하는 목표를 향해 꾸준히 나아가는 능력이다.

그릿을 완성하려면 자신과 싸워서 이겨야 한다. 스스로를 통제할 수 있어야 한다. 그런데 그게 쉽지 않다. 사람은 서 있으면 앉고 싶고, 앉아 있으면 눕고 싶고, 누워 있으면 자고 싶기 때문이다. 잠도 누구의 간섭도 받지 않고 한없이 자고 싶어 하는 게 인간이다. 스스로 통제하기가 그만큼 어렵다는 이야기다. 그래서 자신을 다스리는 훈련이 필요하다.

단것만 골라서 먹으면 건강에 빨간불이 켜지듯이, 인생의 성취도 하고 싶은 것만 해서는 빨간불이 켜질 수 있다. 인생의 초록불은 하기 싫지만, 포기하고 싶지만, 앉고 싶고 눕고 싶지만, 자신을 일으켜 세우고 한 번 더 시도하고 도전할 때 켜진다.

다양한 AI 제품의 등장으로 경제위기, 취업위기라며 아우성이다. 10년 전에도 다양한 요소로 위기라며 아우성을 쳤지만, 보란 듯이 인생의 성취를 이룬 사람들은 있었다. 그들에게는 '그릿'이 있었다.

그대에겐 '그릿'이 있는가?

지식에 선한 의도를
겸비하자

인생을 살면서 지식을 쌓는 것이 중요하다는 데는 누구나 공감한다. 공부를 열심히 하면 자신이 원하는 일을 스스로 선택할 수 있기 때문이다. 돈을 잘 벌고, 자신의 가치를 실현하며, 사회적으로 존경받는 일을 하고 싶어 오늘도 책과 씨름하고 있다.

이때 마음에 새겨야 할 것은 선한 의도까지 겸비해야 한다는 점이다. 선한 의도가 없는 지식은 자신뿐만 아니라 남을 망치는 지름길이니까.

어리석은 짓을 반복하지 마라. 지금 하는 일이 잘못된 방향으로 가는데도 멈출 줄 모르는 것은 어리석은 짓이다. 잘못 판단하면 우수성을 망치게 된다.

그들을 보는 사람이 처음에는 어리석다고 하지만 끝에는 경멸하게 된다. 판단력이 없으면 두 배로 어리석은 사람이 되고 만다.

세상에 있는 직업은 어떤 것도 자신만을 위해 존재하지 않는다. 일해서 돈을 벌고 자아성취를 먼저 하겠지만 결국 남을 돕는 것이 직업이다. 길거리 청소부부터 요리사, 미용사, 공무원, 의사, 변호사, 유튜버, 크리에이터, 대기업 CEO 까지도 다른 사람에게 도움이 되는 일을 한다.

그래서 자신이 하는 일에 선한 의도가 없으면 심각한 문제가 생긴다. 손님의 건강을 생각하지 않는 식당 주인을 생각해 보라. 그런 곳에서 밥을 먹을 수 있겠는가? 환자를 돈으로만 보는 의사는 어떤 느낌이 드는가?

어떤 일이든 그 일에 따른 사명감이 필요하다. '직업윤리'라고 말할 수도 있다. 직업 특성에 따른 봉사, 서비스, 희생, 소명, 책임의식 등이 있는 것이다. 직업인으로서 가져야 할 최소한의 의무이다.

그런데 최소한의 의무조차 지키지 않고 악한 의도와 목적이 스며들면, 자신도 남들도 해치는 무기가 될 수 있다. 잘못된 판단은 자신의 능력을 마음껏 펼치지도 못하고 어리석은 사람이 되게 한다. 지금 당장 나만 잘 살면 된다는 생각은 어리석은 판단이다. 가족과 다음 세대를 생각하는 마음이 조금만 있어도 우린 자신의 행동에 주의를 기울일 수 있다. 어리석은 판단에서 벗어날 수 있다.

하버드대학교에서는 '사명감'을 중요하게 생각하고 가르친다. 사회적 책임을 담당할 때 사명감이 없으면 좋은 리더가 될 수 없기 때문이다.

스탠퍼드대학교에서는 입학생 선발 면접을 볼 때 '지금까지 무엇을 했는지'보다 '네 인생에서 가장 중요한 가치는 무엇인가?'라는 질문을 던진다. 면접자가 평소에 중요하게 생각하는 가치와 옳다고 여기는 기준이 무엇인지를 알기 위해서이다. 그러다 보니 '출세와 돈'보다는 '옳고 그름'의 관점으로 세상을 보고, 세상이 조금이라도 좋은 쪽으로 변화되도록 힘쓰며 산다.

마크 저커버그는 페이스북(현 메타)을 창업할 때 '세상을 지금보다 더 열린 사회로 만들려는' 목적이 있었다. 구글의

래리 페이지는 '세상의 정보를 모두에게 유익하게 만들기 위해' 창업했다고 밝혔다. 돈이 아닌 세상을 더 나은 곳으로 만드는 데 기여하고자 창업을 선택한 것이다.

인생은 두 종류로 나눌 수 있다. 먹고사는 문제, 생존을 위해 사는 사람과 가치를 따라 사는 사람이다. 생존은 자신을 위해, 가치는 자신뿐만 아니라 이웃과 세상을 생각하며 사는 인생이다. 모두가 생존을 위해 살았다면 세상은 좋은 쪽으로 발전하지 않았을 것이다. 누군가의 선한 의도가 세상을 아름답게 바꾸었으니까.

마음이 따듯하지 않고 선한 의도 없이 지식만 많이 쌓는 사람이 제일 위험하다. 지식으로 모든 것을 해결할 수 있다고 믿기 때문이다. 선한 의도와 따듯한 마음이 없으면 진심을 담아낼 수 없고, 진심이 없는 지식으로는 세상을 아름답게 만들 수 없다. 지식은 조금 부족하더라도 선한 의도를 품고 사는 사람이 세상을 더 좋게 만든다.

당신에게는 사람과 세상을 향한 선한 의도가 있는가?

좋은 면을
보려고 하자

　세상을 보는 기준을 관점觀點이라고 한다. 어떤 관점이 있느냐에 따라 세상이 딜라 보인다. 파란 안경을 쓰고 보는 세상은 파랗게 보이고, 빨간 안경을 쓰고 보는 세상은 빨간 것이 당연하다.

　가치관, 세계관, 정치관, 종교관 등 다양한 관점이 삶에 큰 영향을 미친다. 하지만 어른이 되기 전에는 이런 관점보다는 긍정, 부정의 관점에 더 관심을 가져야 한다. 긍정, 부정의 관점이 발전해서 다른 관점들로 전이되기 때문이다.

모든 일을 올바로 판단하라. 지혜로운 사람은 무엇을 하든 올바로 판단한다. 모든 사물에서 좋은 점을 찾아내고 더 좋은 방향으로 나아가려면 무엇이 필요한지 판단할 줄도 안다.

어리석은 사람은 다른 사람을 가벼이 여긴다. 이들은 사물의 좋은 점은 보지 못하고 좋지 않은 면만 본다.

자신의 관점이 긍정적인지 부정적인지 알려면 자기 시선이 어디로 향하는지를 보면 된다. 세상의 모든 것을 볼 때 좋은 점을 보는가, 좋지 않은 면을 보는가? 장점을 찾으려고 하는가, 단점부터 보려고 하는가?

두 번째는 언어를 점검하면 된다. 좋지 않은 상황에 직면했을 때 긍정의 언어를 사용하는지, 부정의 언어를 사용하는지 살피는 것이다. 좋은 상황일 때도 앞으로 더 좋은 일들이 일어날 것이라고 믿는지, 어쩌다 운이 좋아서 좋은 일이 생겼을 뿐이라고 부정하는지 살피자.

시선과 말을 보면 그 사람의 미래도 예측이 가능하다. 삶은 말로 창조되는 거니까. 부정의 시선으로 부정의 말을 내뱉으면 삶도 부정적일 수밖에 없다. 그래서 어른이 되기 전에 반드시 긍정적인 관점을 소유하려고 힘써야 한다.

시선을 바꾸려면 자신이 쓴 안경을 벗는 수밖에는 방법이 없다. 자신의 시선을 벗지 않고 그곳에 다른 색을 입히면 혼란만 더해진다. 그러니 자신의 안경 색깔이 부정인지,

긍정인지 알고 바꾸자. 자아성찰은 자신의 시선을 끊임없이 점검하는 것이라고 할 수 있다. 살다 보면 안경은 더러워지고 때가 끼고 흠집도 생기니까.

긍정적인 시선을 갖기에 좋은 방법 중 하나는 '감탄'하는 것이다. 자연의 아름다움에, 오늘 먹은 음식에, 누군가의 사사로운 친절에 진심으로 놀라고 감탄해 보자. 그것을 자꾸 표현하다 보면 내 안에 작은 긍정의 감정이 꿈틀거려 어느새 내면을 가득 채우게 될 테니까.

"다행이다", "괜찮아", "감사하다", "행복하다", "다 잘될 거야", "할 수 있어", "네 덕분이야." 이들은 마음에 긍정을 심어줄 말이다. 사용 빈도에 따라 긍정을 빨리, 아니면 천천히 품을 수 있다.

오늘 삶에서 이 말들을 얼마나 많이 했는가? 이 언어를 한 번도 쓰지 않으면 영원히 긍정의 마음을 품지 못할 수도 있으니 주의하자.

성숙한 사람으로
성장하자

그라시안은 인생 잠언의 마지막을 '성숙한 사람, 덕 있는 사람이 돼라'고 조언한다. 성숙成熟은 '생물의 발육이 완전히 이루어짐', '몸과 마음이 자라서 어른스럽게 됨', '경험이나 습관을 쌓아 익숙해짐'이라는 뜻이다. 성숙한 삶을 살 때 덕 있는 인간이 되고 비로소 진정한 어른이 된다.

성숙함은 인간에 대한 이해에서 나온다. 몸에 밴 배려와 겸손, 부드러움에서 성숙은 드러난다. 생물학적 나이나 경험이 많아서가 아니라 내면의 깊어짐에서 나온다.

성숙함은 겉모습뿐 아니라 인격을 더 빛내준다. 어떤 능력이든 성숙할 때 권위를 높여주고 존경하는 마음이 깃든다. 성숙한 사람들은 무심코 하는 행동과 말도 완벽하다.

성숙함은 인간을 완성시킨다. 성숙한 만큼 완전해지는 것이다. 권위와 존경은 어린아이처럼 행동하지 않을 때 생긴다. 사람은 성숙도에 따라 평가받는다.

성숙한 사람이 되기는 참 어렵다. 나이를 먹었다고, 삶의 경험을 많이 했다고 해서 '성숙하다'고 하지 않으니까. 성숙은 몸이 성장하거나 나이를 먹는 것과는 다른 문제이다. 겉모습을 아무리 멋지게 포장해서 꾸며도, 학벌이 좋고 재산이 많아도 내면의 깊음이 없다면 성숙하다고 할 수 없다.

성숙한 삶을 살아가려면 삶의 매듭이 필요하다. 대나무가 속이 텅 비었음에도 부러지지 않고 꺾이지 않는 것은 매듭 때문이다. 한 단계 성장하는 비결이 매듭에 있는 것이다.

어제보다 오늘 더 단단해지고 성숙해지는 비결도 삶의 매듭에 있다. 그러니 내면의 깊어짐을 방해하는 요소들로부터 매듭을 짓자. 태도의 매듭, 공부의 매듭, 관계의 매듭, 언어의 매듭이 그대를 한 단계 도약시켜 줄 테니까.

성숙은 쉬운 길이 아니라 옳은 길을 걸을 때 만들어진다. 쉬운 길은 누구나 걸어갈 수 있다. 하지만 옳은 길은 그 길을 걸어야 하는 목적과 용기와 신념으로 무장되어야 가능하다.

또한 옳은 길은 끝까지 걸어가기가 힘들다. 돈이 되지 않아서, 무심코 던진 비난과 비판의 말 때문에, 순간의 유혹을 뿌리치지 못해 오래 걷기가 힘들다. 그럴지라도 옳은 길을 걸어가자. 옳은 길의 끝에 성숙한 삶이 있으니까.

성숙은 대부분 성공했을 때보다 실패와 고통, 좌절을 겪을 때 형성된다. "아픈 만큼 성숙해진다"라는 말은 맞는 얘기다. 흔들리지 않고 피는 꽃이 어디 있고 젖지 않고 피는 꽃이 어디 있느냐는 한 시인의 말처럼 성숙함과 삶의 아름다움은 아픔 속에서 만들어지는 거니까. 중요한 것은 아픔과 실패를 어떻게 받아들이느냐에 따라 성숙해질 수도 있고 무너질 수도 있다는 것이다.

그러니 오늘 실패했다고 괴로워하지 말자. 누군가의 손가락질에도 무너지지 말자. 고난의 터널이 길다고 신세한탄하지 말자. 버티고, 견디고, 다시 일어서기 위해 마음을 다잡자. 이런 삶의 과정에서 그대는 어제보다 더 성숙해지는 거니까. 진짜 어른으로 성장할 테니까.